自ら問い続ける子どもを育てる授業

「問いたくなる」状況づくりと学び合い

鹿毛雅治（慶應義塾大学教授）監修

福岡教育大学附属小倉小学校 著

教育出版

監修のことば

―子どもとともに「誘い導く場」を創出する教師―

「誘導の教育」——今からおよそ7年前，縁あって福岡教育大学附属小倉小学校の授業研究にかかわらせていただく機会を頂戴したとき，校是であるこの「誘導」という言葉のインパクトに驚くとともに，いささか困惑したという記憶がある。「誘導尋問」という語に代表されるように，今日，「誘導」という言葉には「そそのかす」，「たぶらかす」といった好ましからざるニュアンスが含まれているからだ。しかし，あらためて辞書などで調べてみると，元来「誘導」にその種のネガティブな意味はない。文字どおり「（目的に向かって）誘い導くこと」を指す言葉だということが分かった。私はその後，この「誘導」こそが教師の優れた営みを表すキーワードであることを学ぶことになる。

戦後間もない昭和22年に福岡第二師範附属校（本校の前身）によって刊行された『新教育誘導論』にはおよそ以下のようなことが書かれている。

教師は児童を未成熟者，未完成者としてとらえて「教育してやる」「指導してやる」といったような立場に立ってはならない。教師の仕事は「指導」ではなく「誘導」である。児童はそもそも個性的，社会的な存在だ。教師は彼らの自発性や創造性を最大限に尊重し，その人間性を発展させていくような「よき助成者」「よき助力者」となるべきなのである。そのために，一人ひとりの子どもが環境と関わりあっている「事実」にまず教師が目を向け，その生活の現実を実践の基盤としつつ，目の前の子どもたちの知的活動が触発され，さらにはその活動が社会に向かうように誘発されるような場を教師が創出すること，それが「誘導」である。本校が目指すのはそのような教育なのである。

長らく教育界には「教師中心の授業か，子ども中心の授業か」という二項対立的な問いが横行し，教育の在り方をめぐる議論が両者の間で振り子のように揺れ動いてきた。教師の指導が強調されると子どもの主体性や能動性が軽視，あるいは無視される。一方，指導せずに子どもに委ねれば混乱に終始したり，放任に陥ったりする。教師を子どもと対置して教育実践を論じるこのような語り口は確かに理解しやすい。しかし，その議論は観念的であまりに単純化しすぎている。学校教育の本質やその複雑な実態を正しく反映していないのである。

子どもが学習活動の主体であると同時に，教師も教育実践の主体であるというのが学校の理想像であろう。両者が主体であるということは背反するどころか相乗的な関係にあると理解すべきなのだ。むしろ，われわれが問うべき対象は，主体性をめぐって子どもと教師が対立関係に陥っている状況や，さらに言うならば，子どもも教師も，教育における「客体」として受動的な役割に貶められている状態にこそ見いだせるのではなかろうか。

「誘導」とはこのような悩ましい現状に対して光明をもたらす極めて実践的なキーワー

iii

ドである。子どもの自発性や能動性を前提としつつ，教師が教育実践の主体であること
——その地平における教師の仕事を表す言葉が「誘導」なのだと私は理解している。

「誘導の教育」という考え方は，不易と流行の両面から評価されるべきだと思う。今も
昔も変わらない「よい授業」に通底する本質を言い当てていることに加え，「アクティブ
ラーニング」というスローガンが席巻した昨今の学校教育をめぐる状況に対しても適合し
た発想だからである。着眼すべきポイントとして以下の三点が指摘できよう。

第一に「間接性」を特徴としている。『新教育誘導論』には「指導は児童に直接するが，
誘導は間接的なしかも綿密な適応刺激である」とある。教師が子どもたちに説明したり，
指示したりする直接的な指導ではなく，教育的な意図を背景とした場をデザインすること
を通して，子どもに価値ある主体的な学びを生み出そうとする発想（間接教授）こそが
「誘導の教育」の要点である。そこでの教師はデザイナー（デザインする人）であり，コー
ディネーター（調整する人）であり，ファシリテーター（促進する人）であるとともに
ナビゲーター（道案内する人：誘い導く人）でもある。教師には，学びの文脈や個々の子
どもの姿に応じたダイナミックで柔軟な役割が求められることになるわけだ。

第二に「子どもの事実」を重視している点である。本校の研究成果を綴った昭和60年の
刊行物にはこのように記されている。

> 私たちは，授業をとおして，一人ひとりの子どもの成長を助けるのが最大のつとめである。
> それぞれの子どものもっている可能性を引き出し，伸ばしていくためには，なんといっても
> 授業中の「子どもの事実」に学ぶ姿勢をもつことが大切となる。授業中の子どもの表情，動
> き，つぶやきなどは，私たちにさまざまなことを語りかけてくる。その語りかけに応える教
> 師の姿勢が大切となる。　　　（福岡教育大学附属小倉小学校著『「子どもの事実」に学ぶ授業』より）

「誘導の教育」では，個人を多種多様な関係において成立する存在ととらえ，その「関
係性」によって「現実」を把握することを重視する。だから，諸関係に支えられて実在す
る「子どもの事実」をとらえようとする姿勢が教師にまずもって求められることになる。
一人ひとりの学びをとらえることなしに授業の良し悪しなど論じられないことは自明であ
る。それにもかかわらず，これまでの授業研究においてはややもすると教師によるパフォー
マンスばかりが追求され，「子どもの事実」から学ぶという教師たちの謙虚な姿勢が軽
視されてきた。「授業研究」はすなわち「学び研究」にほかならない。「誘導の教育」はこ
のような確固たるスタンスを土台としているのである。

第三に，「教師の教養と見識」が問われるという点である。教師が「ナビゲーター」で
あるかぎり，学びの目的地やそこへと至るプロセスが常に問題になろう。つまり，教育実
践の主体である教師には，「現在から未来へと生きる目の前の子どもたちにとって，価値
ある学びとは一体どのようなものか」という問いについて考え抜くことが厳しく要求され
ることになる。もちろん，この問いに答えることは容易ではない。だからこそ教師には
「価値ある学び」を問い続けることを通して，「社会」や「文化」，「人間性」といった人の
成長にかかわる諸要因に対する教養を高めるとともに，教師としての見識を深めていくこ

とが求められているのである。また，このような教師による探究は，『新教育誘導論』でも再三ふれられているとおり，民主主義と教育の関係性を問うことと無縁ではない。より広範な視野に立ち，より長期的な展望をもって人間形成という営みを論考したその書では，「誘導」とは「民主主義に徹した公民の形成ともいえる」と主張されている。戦後間もない時期の先達によるこの問題提起は今日のわれわれにとっても決して無縁なものではない。いや，むしろ見逃してはならない不易の論点だと自覚すべきなのである。

　以上のことから，「誘導の教育」が不易と流行を兼ね備えた教育論であることが理解できよう。福岡教育大学附属小倉小学校はこの「誘導の教育」を掲げて教育研究を歴史的に積み重ねてきた研究校である。本書は，「自ら問い続ける子どもを育てる授業」をテーマに掲げた6年間にわたる実践研究をまとめた書であるが，その「自ら問い続ける子ども」という言葉の背景に潜む意義深さにぜひ心を馳せてもらいたい。学びの主体性や深まりが重視される今日だからこそ，あらためて本校の教育研究の伝統に支えられた成果の重みを確認することができるに違いない。

　子どもとともに「誘い導く場」を創出する教師であるかどうかが問われる時代が，いよいよ到来した。その仕事はいかにも難しい。しかしそれは同時に，教師というプロフェッショナルであるからこそ体験できる喜びに満ちた営みであるに違いない。なぜなら，その喜びの源泉は「目の前の子どもたちの学びと成長という日常的な事実」にこそ認められるからである。本書で提起されている「誘導」の今日的な理論や，具体的に提案されている多様な実践例から，われわれは教師という仕事の醍醐味を感じ取ることができよう。

　「教育改革」とはこのような地道な実践の積み重ねなのではなかろうか。

　平成31年2月

慶應義塾大学

鹿　毛　雅　治

はじめに

　わが福岡教育大学附属小倉小学校は，107年の歴史を有する学校です。この学び舎では，戦後昭和21年から「誘導の教育」の理念――間接的な刺激を通して児童をねらいや価値に誘い導く教育理論――を根底に据えて，今日まで72年にわたって教育実践を着実に進めてまいりました。

　さて，現在わが国は様々な分野で新たな社会システムが模索されています。これは教育の分野でも例外ではなく，AI などの急激な進歩による教育環境や内容の変化，人として求められる資質の変容への対応など，わが国の教育は大きな転換の時期にあります。その中にあって附属小倉小学校は，先導的な取組を行う「国の拠点校」として教育政策の推進に寄与し，「地域のモデル校」として機能を高めるという国立大学法人附属学校の役割を自覚し，その期待に応えるべきときであると考えています。

　本校では，平成25年度より「自ら問い続ける子どもを育てる授業」を研究主題とし，子どもが「自分事」としての「問い」を見いだし，「自ら問い続ける」授業づくりの在り方を探ってまいりました。それは，「子どもたちのよりよい学びや成長を実現する」という本質的な目的のもと，「よりよい授業を創る」ためです。本書は，授業づくりの考え方やそのための手だてを具体的でわかりやすく表現し，リフレクションや授業協議会の持ち方まで余すことなく詳らかにしました。また，授業改善や研究指導に活用しやすいよう，理論編と実践編，運営編の三層構造としました。本書が多くの先生方の教育実践，何よりも子どもたちの学習に役立つものになってほしいと願っています。

　最後になりましたが，本校の研究ならびに本書の刊行にあたり，ご指導とご支援を賜りました慶應義塾大学　鹿毛雅治先生，かかわっていただいた福岡教育大学の諸先生方，本校「誘導の会」の諸先輩方に厚くお礼申し上げます。また本書の発刊にあたりまして，教育出版のご厚意に対し深く感謝の意を捧げます。

　平成31年２月

福岡教育大学附属小倉小学校

校長　服部　一啓

目　次

監修のことば　―子どもとともに「誘い導く場」を創出する教師―
はじめに

Ⅰ　理論編

1　なぜ，今「自ら問い続ける子どもを育てる授業」なのか ………………… 2
　1　これからの社会に求められていることから ………………… 2
　2　現代社会の課題から ………………… 2

2　「自ら問い続ける子ども」とは ………………… 3

3　「自ら問い続ける子どもを育てる授業づくり」のポイント ………………… 4
　1　状況づくり ………………… 4
　　(1) 学習材の開発　　4
　　(2) 学習材との出会わせ方　　5
　　(3) 単元展開の工夫　　6
　2　学び合い ………………… 7
　　(1) 問いの焦点化　　7
　　(2) 思考の可視化　　8

Ⅱ　実践編

1　国語科　第1学年「読むこと」 ………………… 10
2　国語科　第3学年「話すこと・聞くこと」 ………………… 18
3　社会科　第5学年「現代社会の仕組みや働きと人々の生活」 ………… 26
4　算数科　第2学年「数と計算」 ………………… 34
5　算数科　第3学年「数と計算」 ………………… 42
6　理　科　第4学年「粒子」 ………………… 50
7　生活科　第1学年「自分の成長」 ………………… 58
8　音楽科　第2学年「表現」 ………………… 66
9　図画工作科　第2学年「工作」 ………………… 74
10　家庭科　第5学年「日常の食事と調理の基礎」 ………………… 82
11　体育科　第1学年「ゲーム」 ………………… 90
12　体育科　第4学年「ゲーム」 ………………… 98
13　道徳科　第6学年「C　規則の尊重」 ………………… 106
14　総合的な学習の時間　第6学年「食」 ………………… 112

15 外国語活動　第3学年「話すこと【やり取り】」 ………………………………… 120

16 外国語科　第6学年「話すこと【発表】」 ……………………………………… 128

17 学級活動　第6学年「心身ともに健康で安全な生活態度の形成」 …………… 136

Ⅲ　運営編

1 研究発表会に向けた取組 ………………………………………………………… 146

　1　研究発表会における事務分掌について ……………………………………… 146

　　(1) 研究発表会における担当について　146

　　(2) 主となる仕事内容及び研究行事と実施について　146

　2　研究行事について ……………………………………………………………… 147

　　(1) 単元検討会について　147

　　(2) 場面検討会について　147

　　(3) 指導案検討会について　148

　　(4) 板書検討会について　148

　3　授業協議会の在り方について ………………………………………………… 149

　　(1) 授業反省会について　149

　　(2) 授業リフレクションについて　150

2 日常的な取組 ……………………………………………………………………… 151

　1　研究の基本方針について共通理解を図る場の設定 ………………………… 151

　2　共通指導事項の設定 …………………………………………………………… 151

　3　子ども同士の学ぶ場の設定 …………………………………………………… 152

引用・参考文献

おわりに

研究同人

監修者紹介・著者紹介

I

理論編

1 なぜ、今「自ら問い続ける子どもを育てる授業」なのか

1 これからの社会に求められていることから

　物質的な豊かさのみを追求する時代の終焉にさしかかり、グローバル社会、知識基盤社会と呼ばれ、個別化・流動化が加速する現代社会においては、地球規模の課題が山積しています。今後、持続可能な社会を実現するためには、多様な個性・能力を生かし、社会を生き抜く力を備えた人材が求められています。また、情報化社会に対応できる人材、そしてグローバル化する社会において、国際社会で日本人として貢献していく人材も求められています。このような知識基盤社会においては、学校で学んだ知識や技能を定型的に運用して解ける問題は少なく、問題に直面した時点で必要な情報や知識を入手し、それらを統合して納得できる新しい解をつくり出すなど、生涯を通じて学び続ける力が求められています。さらに、アイデアや情報、知識の交換、共有、及びアイデアの深化や解の再吟味のために、他者と協働・協調できる力も必須となってきています。

　また、子どもを取り巻く環境の変化、情報化社会の急激な進展などによる自然・社会体験の不足、人間関係の希薄さなども指摘されています。さらに、全国的な調査によれば、約4割の子どもが学習に対する意欲をもっておらず、学ぶことの意味を見いだし、仲間と学び合うことの価値を実感することができていないのではないかとの指摘もあります。

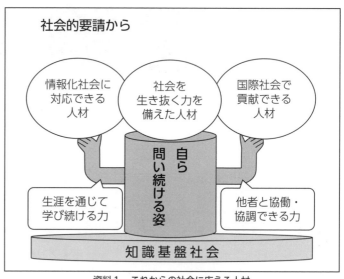

資料1　これからの社会に応える人材

2 現代社会の課題から

　そんな中、小学校において、2020年から全面実施となる新学習指導要領では、求められる資質・能力を育むために、各教科等の特質に応じた見方・考え方を働かせながら、知識を相互に関連付けてより深く理解したり、情報を精査して考えを形成したり、問題を見いだして解決策を考えたり、思いや考えを創造したりすることに向かう「主体的・対話的で深い学び」の実現に向けた授業改善が求められています。

2 「自ら問い続ける子ども」とは

「問う」とは,「興味や疑問などをもって対象へ働きかけようとする」ことをいいます。興味とは「もっと知りたい。」「やってみたい。」という思い,疑問とは「どうしてかな。」「なぜかな。」という思いのことです。「自ら問い続ける」とは,この興味や疑問を子ども自身がもち,問題を解決し続けるということです。

すなわち,興味や疑問をもち続け,子どもが主体的に課題の解決に粘り強く取り組み,友達と対話を重ねながら,よりよい考えや方法を求めていく深い学びを行う「自ら問い続ける子ども」の姿へと誘い導くことが必要です。

では,そのような子どもの姿とは,どのような姿でしょう。

一つ目は,対象に出会ったときに,「もっと知りたい。」「やってみたい。」「どうしてかな。」「なぜかな。」という思いをもち,「きっと,〜だからではないかな。」「こうしたら,解決できるのではないかな。」と解決の見通しをもって取り組み,一つの問いが解決しただけで満足せず,さらなる問いを見いだしている子ども,つまり学びを主体化している子どもの姿です。

二つ目は,仲間と考えや方法を話し合うことで,「ああ。」「なるほど。」「でも,…。」「それなら,…。」と考えを比べたり合わせたりして,よりよい解を求めている子ども,つまり学びを協働化している子どもの姿です。

三つ目は,各教科等の特別の性質に応じた見方・考え方を働かせながら問題を解決する中で,新しい知識や技能を身に付け,よりよい考えや方法をつくり出している子ども,つまり,学びを深化させている子どもの姿です。

以上をまとめ,わたしたちは,「自ら問い続ける子ども」の姿を次の三つに定めます。

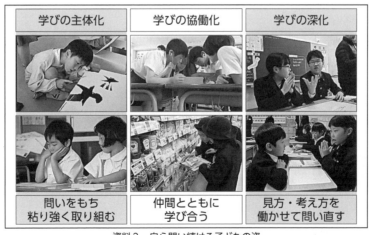

資料2　自ら問い続ける子どもの姿

わたしたちは,以上のような子どもの姿を目指して,授業づくりを行います。

3 「自ら問い続ける子どもを育てる授業づくり」のポイント

　附属小倉小学校では，以下の二点を大きな手だてとして授業づくりを行っています。
　1　状況づくり
　2　学び合い
この授業づくりのポイント2点について詳しく説明します。

1　状況づくり

(1) 学習材の開発

　「教材としての価値があるのに，子どもの学習が停滞してしまう。」ということがありませんか。教材を押しつけても子どもは動き出しません。教材に価値があっても子ども自身が学ぶ価値を感じたり，やってみたいと思ったりしなければ，「させられている」状態になってしまい，教育的効果が低下します。子どもが自ら動き，自らの学びを展開させるには，「教師が教えたい内容」と「子どもが学びたい内容」を一致させる必要があるのではないでしょうか。そのために，子どもが「何としても解決したい。」「どうすれば○○できるのだろう。」などという思いをもって学習対象に主体的にかかわり，問題を解決できる教材を開発することにこだわることが大切です。このようにして開発したものを，私たちは子どもの側に立つ言い方で「学習材」と呼んでいます。自ら問い続けるためには，学習材の開発が重要なポイントです。学習材を開発する際，次のような三点を満たす必要があると考えます。一点目は，子どもが単元を貫く問いを見いだしていく情動性。二点目は，新たな問いを連続して見いだしたり，発展したりしていく連続・発展性。また，三点目は，教科本質のねらいに確実にたどり着くことができる本質性です。この三点を満たした学習材を子どもの学びの対象とすれば，資料3のように教科等のねらいに資する学びへと転換することができます。

		「つくり・育てる」漁業「筑前海一粒かき」の学習材
情動性		「どうしてだろう。」「どのように，つくっているのだろう。」と問いたくなる。
連続・発展性		働く人のこだわりに気付き，「なぜ。」と問題意識を高めながら追究し続ける。
本質性		働く人々の工夫や努力に気付き，自分たちの地域の特色やよさをとらえる。

資料3　第3学年　社会科の学習を例にした学習材

(2) 学習材との出会わせ方

　開発した学習材がもつ「情動性」を呼び起こすことができるような出会わせ方を工夫しなければなりません。出会わせ方には次の二つが考えられます。

【授業に入る前の日常生活の段階において】

> 対象との関係を徐々に密にするような布石をうつ。

【単元を設定する段階において】

> 子どもが困ったり，感動や驚き，あこがれをもったりするような実物や資料の提示，体験的な活動を設定する。

　以上のことを踏まえて，資料4のような出会わせ方が考えられます。

教科等	出会わせ方	子どもの様子
国語科	特別活動の話合いにおいて，録画したものを提示したり，ふり返りの記述内容を提示したりする。	
理科	モーター，電池，プロペラ，の三つでつくった，風力を動力とする車を自作し，走らせて遊ぶ活動の場をつくる。	
外国語	教室の外国語コーナーに，「どんなお話なのだろう。」と書いた短冊を掲示し，"Brown bear" シリーズの英語絵本を置く。	

資料4　学習材との出会わせ方の具体例

(3) 単元展開の工夫

　自ら問い続けるためには，自らが解決したい問いを見いだし，何をどのように行いながら解決に向かっていくかという見通しをもつことが大切です。また，問題解決に挑む場面を位置付け，そこから新たな問いが連続して見いだされたり，発展したりしていくことも大切です。このように，単元を通して問いが連続・発展するように，次の三つの段階に分けて，単元を展開するようにしています。

　①「問いをもつ・見通す段階」

　子どもが対象とかかわることによって，感じ取る心がゆさぶられ，「なぜかな。」「おもしろそう。」「どうなっているのかな。」といった興味や疑問などを基に，「どうすればできるのだろう。」といった解決したい問いをもつ段階です。さらに，子ども一人一人が，何をどのように行いながら解決に向かっていくかという見通しを明らかにする段階として位置付けます。

　②「挑む段階」

　見通した問題解決の道筋にそって，読んだり，資料を集めて調べたり，実験を行ったり，表現活動に取り組んだりする段階です。子どもが常に問いをもち，学習対象に主体的にかかわりながら，見方・考え方を働かせて，ねらいとする資質・能力を身に付けていく段階です。「自分の考えを再構築すること」「仲間とともに考えを発展できるようにすること」などを視点に，問題解決に向けて問いを連続させ，挑んでいく段階として位置付けています。

　③「生かす・広げる段階」

　問題解決を通して得たことを基に，発展読書やものづくりといった学習に生かしたり，社会実践や家庭実践など，生活に広げたりする段階です。学び方の範囲を広げ，これまでに獲得した見方・考え方をより豊かで確かなものにすることが期待できます。

　このような単元の段階を明確に位置付けるとともに，子どもの実態に応じて学習内容の配列を工夫することが必要です。

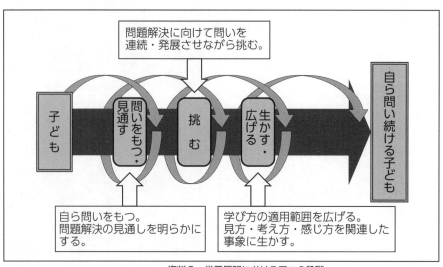

資料5　単元展開における三つの段階

2 学び合い

　「学び合い」とは，自己との対話を重ねつつ，他者と相互にかかわりながら，自分の考えや集団の考えを発展させる学びを共に行う活動です。

　本校ではこれまでの実践を通して，学び合いが成立する以下の四つの条件を明らかにしてきました。

○共通の問題がある	○一人一人が考えをもっている
○考えに違いがある	○支持的風土がある

　このような学び合いの実現を目指し，問いの焦点化と思考の可視化の二つの手だてを学び合いに位置付け，実践を行いました。

(1) 問いの焦点化

　「問いの焦点化」とは，「何を解決しようかはっきりしていない状態の問いを，より絞り込んだり，深めたり，具体的にしたりした問いにすること」です。

　問いの焦点化を図り，何を学び合うかということをよりはっきりさせるための教師の手だてとして，次のようなものが考えられます。

○「問い返し」や「ゆさぶり発問」
○「場面設定」
○「資料（事象）提示」　　など

　このような手だてを各教科等の特質や単元の内容，子どもの実態等に応じて選択して講じます。

〈「問い返し」の例（総合的な学習の時間）〉

　「北九州市初（発）の自慢料理は，どのようなものがよいだろうか。」という問いを解決しようと，グループごとにアイデアをまとめ，それぞれの自慢料理のよさをアピールする活動を行う。その後，「初めて北九州市に観光に来た人に，1食分の食事として提供するもの」という条件を再確認した上で，「どの料理も提供できるのですか。」と問い返す。すると，「北九州市初（発）の自慢料理として，地域の特産物を生かすことができているのだろうか。」と，問いを具体的にすることができる。

〈「場面設定」の例（社会科の例）〉

　○○さんのいちごづくりについて，各自で調べ活動を行った後に，「どのようなことにこだわりをもっているのだろうか。」という問いを基に，各自が調べて考えたことの共有化を図りながら，それらの気付きを整理する場面を設定する。その後，子どもが感じたこだわり一つ一つに，「こだわりシール」を貼り，可視化することで，こだわりの多さにあらためて気付き，「なぜそこまでするのだろうか。」と，問いを深めることができる。

〈「事象提示」の例（算数科の例）〉

> 「7000と8000の間の数は，7000と8000のどちらに近いのだろうか。」という問いを追究している子どもに，数直線を提示すると，「7405は，7000に近い」ということに気付くことができると考える。そこで，「7499」「7501」など，数直線の真ん中に近い数をいくつか提示することで，「真ん中の数『7500』は，7000と8000のどちらに近いのだろうか。」と，問いを絞り込むことができる。

(2) 思考の可視化

　思考の可視化では，学び合いの場で自他の考えを交流することができるように，ICT機器やホワイトボードなどの活用といった，様々な表現活動を工夫し，個の考えを「言葉」や「実演」，「作品」等にして，具体的に表現できるようにします。

〈「思考の可視化」の例（表現活動と具体例）〉

社会科　単元「食料生産を支える人々〜博多あまおうづくり〜」の実践において

表現活動	活動内容
ホワイトボード・ミーティング 絵図に表現	各自で調べたり，自分なりの考えをつくったりした後に，ホワイトボードに考えを表出しながら話し合う。 　考えたり，判断したりしたことを，関係図に表現したり，別のものに例えて絵や言葉で表したりする。

栽培の工夫について，調べてきたことをまとめ，自分なりの考えを発表する子ども

話合いを基に，ホワイトボードを使って，栽培の工夫と生産者の願いを図に表し，整理する子ども

外国語科　単元「英語で夢スピーチをしよう！」の実践において

表現活動	活動内容
ICT機器の活用	個人やグループで見いだした伝え方をシミュレーションする活動を設定し，その後，ICT機器を活用して，その様子を見合う。

夢スピーチの伝え方を友達に見てもらいシミュレーションする子ども

スピーチをタブレット端末で撮影し，伝え方の課題について友達と話し合う子ども

II

実践編

1 国語科　第1学年「読むこと」

ちがいを　かんがえながら　よもう
〜つくろう！「どうぶつの　赤ちゃん　しょうかいブック」〜

1　国語科学習における自ら問い続ける子どもの姿

○生活の中から，言葉にかかわる新たな問題を見いだし，学習の見通しを立てたりふり返ったりして，主体的に問題解決に取り組んだり，自分の学びを評価したりする姿
　　　　　　　　　　　　　　　　　　　　　　　　　　　　　　　　　　　（学びの主体化）

○既有知識や経験を基に，共に学ぶ他者と考えを交流し，他者の考えを生かすなど，異なる考えを受け入れ，より納得のいく考えを求める姿　　　　　　　　　（学びの協働化）

○言葉によって論理的に考えたり，豊かに想像したり，伝え合ったりしながら，言葉の意味や働きなどを問い直し，自分の思いや考えを広げている姿　　　　（学びの深化）

2　本単元が生まれるまで

　1年生は，生き物に関する図書を好んで読む子どもが多い学年です。動物や植物のお世話に必要な情報を集めるため，図鑑や科学に関する読み物を読み，重要な言葉や文を取り出すことができるようになってきています。しかし，説明の順序を意識して文章の構造をとらえたり，事例どうしを比較しながら，違いを考えたりすることはできていないという課題があります。

　そこで，学級で飼育しているモルモットの赤ちゃんの写真を提示したり，動物の誕生や成長に関する図書の読み聞かせをしたりすることで，「動物の赤ちゃんのことをもっと知りたいな。」「調べたことを友達に紹介したいな。」という目的意識や相手意識が生まれるようにしました。本単元では，「どうぶつの赤ちゃんしょうかいブック」づくりという言語活動を通して，時間の経過に着目して，文章の構造をとらえたり，動物の赤ちゃんの生まれたときの様子や成長の様子を比較して，相違点を読み取ったりすることができるようにします。このことは，言葉の働きや役割をとらえたり，情報を多様な視点・立場から精査したり，複数の情報を関係づけて構造化したりする力を育成する上で，大変意義があります。

3　単元の目標

〈国語への関心・意欲・態度〉
○動物の赤ちゃんに関する文章を読み，進んで誕生や成長の様子を調べようとする。

〈読む能力〉
○時間の経過を表す言葉に着目して，説明の順序や文章構造をとらえたり，動物の赤ちゃんの誕生や成長の様子を比較し，違いを読み取ったりすることができる。

〈言語についての知識・理解・技能〉
○主語と述語との関係に注意して，動物の赤ちゃんの様子を読むことができる。

4 単元展開（総時間数 9時間）

	主な学習活動	指導上の留意点	重視する評価の規準と観点
問いをもつ・見通す	1 動物の赤ちゃんについて知っていることや疑問などについて交流する。〔1〕	○動物の赤ちゃんについて興味・関心を高めるために，関連図書のコーナーを設けたり，様々な動物とその赤ちゃんの写真を提示したりする。	○既有の知識や経験と結び付けながら動物の誕生・成長に関する図書を読もうとしている。（国語への関心・意欲・態度）
	〈問い〉どうぶつの 赤ちゃんについて もっと しりたいな。		
	2 「どうぶつの赤ちゃん」を読んで，学習問題を設定し，学習の計画を立てる。〔1〕	○これからの学習の見通しをもつことができるように，既習の説明的文章の学習をふり返り，問題を解決するための方法や計画を話し合う活動を設定する。	○動物の赤ちゃんの誕生の様子や成長の様子を調べている。（国語への関心・意欲・態度）
	〈単元を貫く問い（学習問題）〉 どうぶつの 赤ちゃんの ちがいを かんがえながら 文しょうを よみ，「どうぶつの 赤ちゃん しょうかいブック」を つくろう。		
挑む	〈問い〉ライオンと しまうまの 赤ちゃんは どんな ようすなのだろう。		
	3 ライオンとしまうまの赤ちゃんの様子を読んで確かめる。〔3〕		
	(1) ライオンとしまうまの赤ちゃんの様子を読む。（2/3）	○「体の大きさ」「目や耳の様子」「親との比較」「移動可能になる期間」「授乳期間」「自立するまでの期間」の観点から説明されていることを読み取ることができるように，第1段落の二つの問いかけに対する答えとなる文章を考える活動を設定する。	○主語と述語との関係に注意して，ライオンとしまうまの赤ちゃんの様子を読んでいる。（言語についての知識・理解・技能）
	(2) 読み取った説明の仕方を基に，紹介する動物の赤ちゃんについてまとめる。（1/3）	○関連図書から生まれたときの様子や成長の様子を読み取ることができるように，説明されている事柄を六つの観点から整理する活動を設定する。	○成長の様子や時間の経過を表す言葉に着目して，大切な言葉や文を落とさずに読み取っている。（読む能力）
	〈問い〉「ライオン」と「しまうま」を くらべると どんな ことが よいのだろう。		
	4 ライオンとしまうまの赤ちゃんを比べて，説明するよさを考える。本時〔1〕	○事例が対比されていることやそのよさをとらえることができるように，「しまうま」だけの場合と，「ライオン」と「しまうま」を比べた場合とを読み比べる活動を設定する。	○「ライオン」と「しまうま」の赤ちゃんの特徴がより鮮明になるというよさに気付くことができる。（読む能力）
生かす・広げる	〈問い〉どんな どうぶつと くらべると しょうかい したい どうぶつの とくちょうが はっきりするかな。		
	5 対比する動物の赤ちゃんを選び，文章にまとめる。〔2〕	○誕生や成長の様子を比べながら読むことができるように，「動物の赤ちゃん」シリーズを読み直す活動を設定する。	○誕生や成長の様子を比べながら，調べている。（読む能力）
	〈問い〉ともだちは，どんな どうぶつの 赤ちゃんを しょうかい して いるのかな。		
	6 「どうぶつの赤ちゃんしょうかいブック」を読み合い，感想を交流する。〔1〕	○観点をそろえて説明するよさや事例を対比して説明するよさを実感することができるように，友達と紹介ブックを読み合い感想を交流したり，本単元で学んだことや，これから生かしていきたい読み方を確認したりする場を設ける。	○観点をそろえて説明するよさや事例を対比して説明するよさについて考えたことをまとめている。（読む能力）
	〈生活への問い〉 つたえたい ことが よく わかるように せつめいされて いる ことを そろえて よんだり，くらべて よんだり して いきたいな。		

1 国語科 第1学年「読むこと」 *11*

5 単元展開のポイント
(1) 問いをもつ・見通す段階

　読むことの学習においては，説明されている内容の理解だけでなく，文章の構造や説明の進め方などにも目を向けて考えることができるようにすることが大切です。しかし，低学年の子どもが「文章の組み立てを読みたい。」「この説明の進め方は分かりやすい。」ということにはなりません。このようなことに目を向けさせるためには，問いをもつ・見通す段階において，1年生の子どもが「どんなことを説明しているのかな。」「どのような順序で説明しているのかな。」「自分も分かりやすく説明したいな。」という気持ちになるための手だてが必要です。

　そのための手だてとして，まず，資料1のように学級文庫に関連図書を集め「動物の赤ちゃん」コーナーを設置します。文章の構造や説明の進め方に慣れ親しませるだけでなく，ここで得た情報は，表現活動における「材料」にもなります。

　また，資料2のように学級で飼育しているモルモットの生まれたばかりの写真を提示します。そうすることで，「どのように成長していくのかな。」「他の動物の赤ちゃんについても知りたいな。」「調べたことを友達と伝え合いたいな。」などの発言が聞かれました。つまり，この提示により，「動物の赤ちゃんについて調べ，友達と伝え合いたい。」という目的意識・相手意識を見いだすことができるのです。その上で，教材文と出会わせることで，「『どうぶつの　赤ちゃん』を読んで，その説明の仕方を生かして『どうぶつの赤ちゃんしょうかいブック』をつくる」という学習計画を見通すことができるのです。

　このように，目的意識・相手意識・解決方法を自覚することで，子どもの問いは，「どんなことを説明しているのかな。」という内容面への問いにとどまらず，「どのように説明しているのかな。」という形式面への問いが生まれます。

資料1　関連図書を手にとる子ども

資料2　モルモットの様子を比べる子ども

> **問いをもつ・見通す段階におけるポイント**　〔1・2／9時目〕
> ①子どもの生活と教材文との距離を近づけよう。
> 　　単元の導入でいきなり教材文と出会わせても，表現活動への意欲が高まったり，文章への問いが生まれたりしません。図書コーナーの設置や教師の読み聞かせなどは，単元に入る前に意図的・計画的に行いましょう。また，子どもが学校生活の中でかかわっているモルモットを取り上げることで，子どもの生活と教材文「どうぶつの　赤ちゃん」との距離を近づけることができ，学習への意欲が高まります。
> ②年間を見通した，単元づくりを行おう。
> 　　子どもは，すでにある知識や経験を基に思考・判断・表現しようとします。この単元だけの導入を工夫しても，「詳しく調べて，友達と伝え合いたい。」という相手意識・目的意識が生まれたり，「教材文の説明の仕方を生かすとよい。」という解決方法を見通したりすることはできません。子どもの意識が内容面だけでなく，形式面にも向くような言語活動を繰り返し位置付けたり，教科書に配当されている説明的な文章の特性を分析し，連続的・発展的に指導したりするなど，1年間を見通し，系統的に単元づくりをすることが大切です。

(2) 挑む段階

　子どもは，「どうぶつの赤ちゃんしょうかいブック」をつくるために，「まずは，『どうぶつの　赤ちゃん』には，どんなことが，どのように説明されているのかな。」という問いをもっています。そこで，資料3のように，全文を記載したワークシートを使い，説明されていることを色分けしたり，付箋に書き出し整理したりする活動を行いました。その後，ワークシートを基に交流します。資料4

資料3　付箋に書き出し整理する子ども

のように，問題提示に対する答えとなる文章や時間の経過を表す言葉に着目したり，「ライオンの赤ちゃん」と「しまうまの赤ちゃん」を比べて読んだりする姿がみられました。

　このように，事柄ごとに色分けしたり，書き出したりすることで，「ライオンの赤ちゃん」と「しまうまの赤ちゃん」の説明の内容だけでなく，重要な語や文に着目し，文章の構造や説明の順序に意識を向けて読んでいくようになるのです。

> C₁：まず，「体の大きさ」「目や耳の様子」「お母さんと比べた様子」が説明されているよ。
> C₂：まとめると「生まれたときの様子」についてだね。
> C₃：次は，「歩くまでの期間」「お乳を飲む期間」「自分でえさをたべるまでの期間」について説明されているね。
> C₄：ここからは，「成長の様子」について説明されているね。
> C₅：「ライオンの赤ちゃん」も「しまうまの赤ちゃん」も生まれてから大人になるまでの順序で説明されているね。

資料4　文章の構造について気づいたことを交流する子ども

次に，ここまでの学習で読み取った６つの観点に沿って，自分が紹介したい動物の赤ちゃんについて調べ，まとめる活動を行います。一匹目をまとめ終わり「二匹目も調べて，まとめたい。」という思いをもっている子どもがいることでしょう。そこで，「一匹だけでは，だめなのですか。」「『どうぶつの　赤ちゃん』も『しまうまの赤ちゃん』だけで，よいのではないですか。」と発問します。このことで，「一匹より，二匹を説明することのよさ」「『ライオンの赤ちゃん』と『しまうまの赤ちゃん』を比べることのよさ」についての問いが生まれました。この問いを解決するために，ライオンとしまうまの赤ちゃんについてまとめた表を比較したり，「しまうま」だけの場合と「ライオン」と「しまうま」を比べた場合とを読み比べたりする活動を行います。

┌───┐
│ ■ 挑む段階におけるポイント   │
│ ①読み取ったことを生かす表現活動を位置付けよう。〔5／9時目〕   │
│ 　　読む活動とそれを生かす表現活動を切り離して単元を展開しがちです。しかし，子どもは，読み │
│ 取ったことをすぐに生かしたいと思っています。教師の都合ではなく，子どもの思考の流れを考え │
│ て，活動を設定していきましょう。また，表現活動を行うことで，課題が見つかり，新たな読みの │
│ 視点が生まれてきます。   │
│ ②文章の構造を可視化して，考える活動を設けよう。〔6／9時目〕   │
│ 　　１年だからといって，表面的な情報の読み取りに終始していてはいけません。１年生なりに「ど │
│ のような順序で説明されているか」「書き手が伝えたいことは何か」などを考える活動を設定する │
│ ことが大切です。   │
└───┘

(3) 生かす・広げる段階

子どもは，「よりよい『どうぶつの赤ちゃんしょうかいブック』にするために，どんな動物と比べるとよいのかな。」という気持ちになっています。そこで，動物の赤ちゃんの様子を「ライオン型」「しまうま型」「その他の型」に整理し，組み合わる動物を考える活動を行います。観点に沿って関連図書を読み，自分の選んだ動物の赤ちゃんの特徴がはっきりする組み合わせを考えながら一人一人が紹介ブックをまとめます。

┌───┐
│ ■ 生かす・広げる段階におけるポイント 　　〔7・8／9時目〕   │
│ ○表現する内容と活動を精選しよう。   │
│ 　　単元は，読むことの学習です。そこで，表現する内容を絞り込んだり，表現活動が子どもの負担 │
│ にならないように計画したりすることが大切です。「取り上げる動物の数」「説明する事柄や順序」 │
│ などの形式は統一します。その上で，「違いがはっきりと分かる動物を組み合わせること」「動物の │
│ 成長や時間の経過を表す言葉に着目すること」という視点を提示し，関連図書を調べたり，紹介を │
│ まとめたりしていきます。   │
│ 　　また，関連図書は，上記の視点で読み進めることができるものを選び，一人一人に行き渡るよう │
│ に準備しましょう。   │
└───┘

6　本時の展開（9時間扱いの6時間目）

(1) 主　眼
　事例を観点ごとに読み比べ，「ライオン」と「しまうま」を比べて説明するよさについて話し合う活動を通して，反対の様子を表す語や文に着目し，事例が対比して説明されていることをとらえたり，そのよさについて自分の考えをまとめたりすることができるようにする。

(2) 準　備
　ワークシート，拡大本文，学びのあしあと，動物の挿絵

(3) 展　開

学習活動と子どもの意識	指導上の留意点（○）と評価（※）
1　本時学習のめあてを話し合う。 「ライオン」も説明した方がよいと思うな。増井さんは，「ライオン」と「しまうま」を比べて説明しているのだと思うよ。 「しまうま」だけの場合でも，生まれたときのたくましい様子は，伝えることができるよ。どうして「ライオン」と比べる必要があるのかな。比べるとどんなことがよいのかな。	○ライオンとしまうまが対比して説明されていることに問いをもつことができるように，「『しまうま』の説明だけでもよいのではないか。」と問い返す。 みんなは，「しまうま」の赤ちゃんのたくましさにとても驚いていましたね。それでは，「しまうま」の説明だけでもよいのではないですか。
「ライオン」と「しまうま」を　くらべる　よさを　かんがえよう。	
2　「ライオン」と「しまうま」を観点ごとに読み比べる。 「ライオン」と「しまうま」の赤ちゃんを比べてみると，いろいろ反対になっているよ。 本当だね。「ライオン」の赤ちゃんは，自分で歩くことができないけど，「しまうま」の赤ちゃんは，すぐに立ち上がり，次の日には，走ることもできたね。	○「ライオン」や「しまうま」の赤ちゃんの様子が反対であることに気付くことができるように，前時に整理したそれぞれの表を上下に配置して提示し，「体の大きさ」「目や耳の様子」「親との比較」などの観点から比べて読む活動を設定する。
3　反対のものを比べて説明するよさについて話し合う。 弱々しい「ライオン」の赤ちゃんの説明の後に，たくましい「しまうま」の赤ちゃんの説明を読むと驚きが大きくなるね。 これまでの説明文とは，違ってたくさん説明するのではなく，「ライオン」と「しまうま」を選んで説明しているのではないかな。 増井さんは読む人に，「生まれたときの様子」や「成長の様子」の違いをはっきりとさせて，分かりやすくするために，反対の動物を二つ比べているのではないかな。	○違いが明確な事例を対比することで，「ライオン」や「しまうま」の赤ちゃんの特徴がより鮮明に伝えることができるというよさに気付くことができるように，「しまうま」だけの場合と「ライオン」と「しまうま」を比べた場合とを読み比べる活動を設定する。 ※「ライオン」と「しまうま」の赤ちゃんを比べて説明するよさについて，自分の考えを記述したり，述べたりしている。
4　本時の学習をまとめ，ふり返りを行う。 弱々しい「ライオン」の赤ちゃんの説明があるから「しまうま」の赤ちゃんの，たくましさがよりはっきりとするんだね。そのために，赤ちゃんのときの様子を反対の動物と比べて説明しているんだね。	○本時で高まった読みを自覚し，次時の学習への見通しをもつことができるように，学んだことや学び方をふり返る活動を位置付けるとともに，子どもの発言に対して，称賛・価値付けを行う。
5　動物の写真を見て，次時の学習への見通しをもつ。 「モルモット」の赤ちゃんは，「しまうま型」だから「ライオン型」の動物と比べたらよいね。	○次時の学習へ子どもの問いが連続するように，様々な動物の写真を提示する。

7　本時の展開のポイント

○「ライオン」と「しまうま」の関係を可視化・共有化する学び合い

(1) 「ライオン」と「しまうま」を観点ごとに読み比べる活動

　挿絵や様子を整理した事柄を上下に配置します。そして，「体の大きさ」「目や耳の様子」「親との比較」「移動方法」「授乳期間」「自立するまでの期間」などの観点から比べて読む活動を設定します。文章では比べにくいので，観点ごとに色をそろえた付箋に生まれたときの様子や時間の経過を表す言葉や文を書き出しておきます。子どもは，「『ライオン』と『しまうま』の赤ちゃんを比べてみると，ぜんぜん違うよ。」「『ライオン』の赤ちゃんは，お母さんにくわえてもらうけど，『しまうま』の赤ちゃんは，すぐに立ち上がり，次の日には，走ることもできたね。」「『しまうま』は，『ライオン』から逃げないといけないからかな。」「『ライオン』と『しまうま』の赤ちゃんは，大人のときとは，反対だね。」などと，説明されている言葉や文，自分の知識や経験などを基に，「ライオン」と「しまうま」の違いを読み取っていきます。

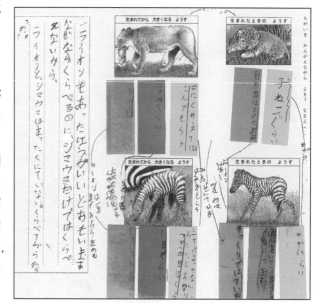

資料5　関係を書き込んだワークシート

(2) 反対のものを比べて説明するよさについて話し合う活動

　「しまうま」だけの場合と「ライオン」と「しまうま」を比べた場合とを読み比べる活動を行います。「もし，『しまうま』だけだったら～」「もし，『ライオン』と『チーター』だったら～」と仮定しながら，理由を交流していきます。話し合う際には，子どもに「目的（反対のものを比べるよさ）」「視点（『ライオン』と『しまうま』の特徴）」「方法（仮定法）」などを示すことが大切です。そうすることで，立場が明確になったり，考えの違いが生まれたりし，双方向で活発な交流となります。

資料6　反対のものを比べるよさを説明する子ども

8 資　料

【考えを書き込んだ全文シート　3・4／9時目】

文章の主語や述語に着目して，説明されていることに色鉛筆で線を引いたり，気付いたことや考えたことを書き込んだりします。そして，重要な語や文を考え付箋に書き出して整理することで，文章の構造が明らかになります。

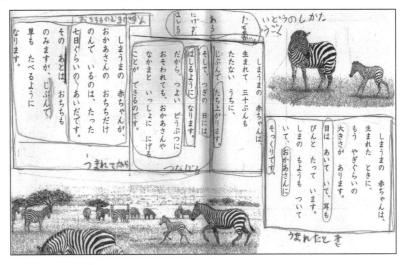

【Ⅰ児がまとめた紹介ブック　8／9時目】

Ⅰ児がまとめた紹介ブックです。「体の大きさ」「目や耳の様子」「親との比較」「移動方法」「授乳期間」「自立するまでの期間」の観点から自分に必要な情報を考えて選び，まとめていきます。互いの紹介ブックを読み合うことで，分かりやすい文章の組み立てや説明の仕方で感じたことや分かったことを共有することができます。

（稲富哲市）

2　国語科　第3学年「話すこと・聞くこと」

考えをまとめる話し合いをしよう
～3年生の学習を教えます～

1　国語科学習における自ら問い続ける子どもの姿

○生活の中から，言葉にかかわる新たな問題を見いだし，学習の見通しを立てたりふり返ったりして，主体的に問題解決に取り組んだり，自分の学びを評価したりする姿

（学びの主体化）

○既有知識や経験を基に，共に学ぶ他者と考えを交流し，他者の考えを生かすなど，異なる考えを受け入れ，より納得のいく考えを求める姿　　　　　　　　（学びの協働化）

○言葉によって論理的に考えたり，豊かに想像したり，伝え合ったりしながら，言葉の意味や働きなどを問い直し，自分の思いや考えを広げている姿　　（学びの深化）

2　本単元が生まれるまで

　3年生は，新しく学習する教科が増え，学習に対する関心が一層高まる学年です。また，1，2年生をまとめる下学年のリーダーであることから，「自分たちが学習したことを教えたい。」という気持ちは，上学年よりも下学年に向きます。その中でもぴったりの相手は，次に3年生になる，2年生です。そこで，話合いの話題を「2年生に3年生の学習を教える」としました。しかし，3年生がグループで話合いをする姿に目を向けると，自己主張が激しく，グループとしての考えをまとめられないという課題があります。よって，本単元では，互いの考えが異なるときに，それぞれの考えがどのようなことに基づいているのかといった根拠に目を向け，みんなで納得して，グループとしての考えをまとめることができるようにします。このことは，正答のない困難な問題の解決が必要な時代に入ってきた今，他者と協働し，納得しながら問題解決を図っていく上で，大変意義があります。

3　単元の目標

〈国語への関心・意欲・態度〉

○2年生に教える3年生の学習を，友達の考えを聞き，理解して話し合おうとする。

〈話す能力・聞く能力〉

○「2年生に3年生の学習を教える」という目的に応じて，互いの考えの根拠を明確にしながら話し合い，グループとしての考えをまとめることができる。

〈言語についての知識・理解・技能〉

○根拠は，主張を支えるものであることに気付くことができる。

4　単元展開（総時間数　8時間）

	主な学習活動	指導上の留意点	重視する評価の規準と観点
問いをもつ・見通す	1　2年生からのメッセージを基に，本単元を設定し学習計画を立てる。　〔1〕	○グループで考えをまとめるという単元をつくることができるように，「今までの話し合い方で，考えはまとまるのではないですか。」とゆさぶり発問をする。	○2年生に3年生の学習を教えることに向けて，自分が学んでいきたいことを書いている。 （国語への関心・意欲・態度）

〈単元を貫く問い（学習問題）〉
2年生に3年生の学習を教えるためには，何をどうやって教えるか，グループで決めないといけないね。どのような話合いをしたら，グループの考えがまとまるのかな。

〈問い〉どのようなことをどうやって教えたらよいのだろう。

	主な学習活動	指導上の留意点	重視する評価の規準と観点
挑む	2　グループで，一回目の話合いをする。〔2〕 (1) 2年生に教える内容と方法を個人で考える。（1／2）	○目的に応じて，内容と方法を考えることができるように，教える場所は体育館で，2年生が好きな教科の所に，5分ごとに回ることを伝える。	○「2年生に3年生の学習を教える」という目的に応じて，教える内容と方法を集めている。 （話す・聞く能力）

〈問い〉今までの話し合い方で，考えをまとめることはできるだろうか。

	(2) グループで2年生に教える内容と方法について試しに話し合う。（1／2）	○考えをまとめる話し合い方についての問いをもつことができるように，グループごとに，10分間の試しの話合いの時間を設ける。また，5時目に自分たちの話合いを分析することができるように，ICレコーダーで音声を録音する。	○考えを合体させたり，取捨選択したりして，考えをまとめている。 （話す・聞く能力）

〈問い〉よりよく考えをまとめるには，どんな話合いをしたらよいのだろう。

	3　考えをまとめる話合いのポイントを話し合う。　本時〔1〕	○根拠を基に話し合うよさに気付くことができるように，話合いのサンプルとモデルを提示し，考えがまとまる話合いはどちらかということについて話し合う場を設ける。	○根拠を基に話し合うよさに気付いている。（話す・聞く能力）

〈問い〉一回目より二回目の方が，よりよい話し合いをすることができるだろうか。

	4　グループで，二回目の話合いをする。〔2〕	○自分たちの話合いを改善することができるように，試しの話合いの文字化を分析する活動を設ける。 ○考えをまとめる話合いができているかを自分たちで評価することができるように，グループ相互に話合いを観察し，根拠を基に話し合っているかを見取る場を設ける。	○主張，根拠，理由をセットにして，「2年生に3年生の学習を教える」という目的に応じて，教える内容と方法について話し合っている。（話す・聞く能力）
生かす・広げる	5　「3A学校」を開き，自分たちの成長をふり返る。〔2〕	○話合いのよさを感じることができるように，2年生を招待し，自分たちが学習を教える「3A学校」を開く場を設ける。 ○根拠を基に話し合うことを，これからの生活に生かすことができるように，単元全体をふり返り，本単元で学んだことや，これからできるようになりたい話し合い方を確認する場を設ける。	○根拠は，主張を支えるものであることに気付いている。 （言語についての知識・理解・技能）

〈次単元への問い〉根きょを考えて話し合うと，学級全体でも，考えがまとまるのだろうか。

2　国語科　第3学年「話すこと・聞くこと」　19

5　単元展開のポイント

(1) 問いをもつ・見通す段階

　話合いの学習にとって，一番大切なことは，子どもが「話し合いたい。」「話し合わないといけない。」という気持ちになるということです。そのためには，問いをもつ・見通す段階において，3年生の子どもが「2年生に3年生の学習を教えたい。」「グループの友達と話し合わないと，3年生の学習を教えられない。」という気持ちになるための手だてが必要です。そこで，そのための手だてとして，資料1のように，2年生にアンケートをとります。

資料1　2年生へのアンケート

　次に，2年生のアンケートをまとめた結果を，資料2のように，教科ごとに提示します。これが，グループで考えをまとめるのに不可欠な「根拠」となります。すると，これらの掲示を見た子どもからは，「2年生は，こんなことを知りたがってるんだ。」「でも，一人で全部の教科を教えるのは難しいね。」「私は，音楽が得意だから，音楽のことを教えたいな。」「だったら，グループに分かれて教えることを話し合ったらいいのではない

資料2　3年生の学習についての2年生からの質問

かな。」などの発言が聞かれました。つまり、この掲示により、「2年生」という相手、「3年生の学習を教える」という目的、「グループで話し合って、2年生に教えることを決める」という学習計画を見通すことができるのです。しかし、本段階で大切なのは、グループでの話し合い方に課題を見いだすことです。そこで、「早く話し合って、2年生に3年生の学習を教えたい。」という気持ちになっている子どもに、「今までに、グループの話合いで困ったことはなかったかな。」と、経験を掘り起こす問いかけをします。すると、子どもからは、「話し合っているときに言い合いになったことがある。」「目的を考えて話し合っているつもりだったけど、みんなの考えがまとまらないことがあった。」などの課題が出てくるでしょう。このように、課題を自覚することで、子どもの意識は、「早く話し合いたい。」ということから、「どのような話合いをしたら、グループの考えがまとまるのかな。」ということへと変わり、話し合い方に関する問いが生まれます。

問いをもつ・見通す段階におけるポイント　【1／8時目】

①2年生のアンケートをまとめた結果は、単元に入る最低1週間前から掲示しておこう。

　　単元の導入でいきなりアンケートの結果を提示しても、子どもの意欲は高まりません。アンケートの結果は、単元に入るできるだけ早い段階で教室に掲示しておくと、導入までに、多くの子どもが2年生の質問を知ることができ、学習への意欲が高まります。

②子どもの意識を話し合い方に向かせよう。

　　本単元の目標は、グループとしての考えをまとめる話合いができるようになることです。そのためには、「今までに、グループの話合いで困ったことはなかったかな。」などの問いかけをし、グループでの話合いがうまくいかなかった経験、反対にうまくいった経験を掘り起こすことが大切です。

---

(2) 挑む段階

　問いをもつ・見通す段階において、子どもは、「どのような話合いをしたら、グループの考えがまとまるのかな。」という問いをもっていました。挑む段階は、グループでの考えがまとまる話し合い方を学び、それを生かして話し合うことができるようにする段階です。そのためのポイントは、次の三つです。

挑む段階におけるポイント

①試しの話合い（一回目の話合い）をする活動を設けよう。〔3／8時目〕

　　通常は、単元の見通しをもったら、すぐに話合いのモデルに沿って話し合わせるでしょう。しかし、それは教師が型を与えているだけです。子ども自身が生活の中で話合いの力を生かせるようにはなりません。そこで、敢えて試しの話合いをすることで、話合いがうまくいかない経験をするようにします。それによって、「考えをまとめるには、どんな話し合い方をすればよいのだろう。」という問いをもつことができるのです。試しの話合いの時間は約10分間とし、ICレコーダー等に記録しておきましょう。5時目に活用します。

②話合いのサンプルとモデルを比べて、考えをまとめるポイントを見つける活動を設けよう。

〔4／8時目〕

　　4／8時目に大切なのは、次の二点です。

2　国語科　第3学年「話すこと・聞くこと」　*21*

○子どもが「考えをまとめるためには，相手に根拠を示した方がよい。」ということに気付くこと
○子どもが「根拠があると，どうしてよいのか。」ということを考えること
　そのために，グループでの話合いのサンプル（改善の余地があるもの）とモデル（改善の余地がなく完璧なもの）を提示します。この手だてにより，子どもは両方を比較し始め，サンプルには，「２年生が何を求めているか。」という根拠がなく，モデルにはそれがあることに気付いていきます。さらに，「根拠があると，どうしてよいのか。」ということを話し合います。「この言葉を使えばよい。」という技能だけでなく，「この言葉を使ったら，こんな心が動くな。」という情意，「この言葉を使ったら，話合いがこのように展開するな。」という認知についても理解しようとすることが，深い学びにつながります。

(3) 生かす・広げる段階

　子どもは，「２年生に３年生の学習を教えたい。」という思いをもち続け，根拠を基に「２年生にどんなことを，どのように教えるか。」ということを話し合ってきました。そのような子どもは，「話し合ったことを早く実行したい。」という気持ちになっているでしょう。そこで，生かす・広げる段階では，２年生を招待し，自分たちが先生役になって，グループで話し合ったことを実行しました。子どもは，資料３・４のように，各グループでつくった作成物を提示したり，クイズを出したりしながら３年生の学習を２年生に教えていきました。

資料３　３年生の物語を紹介する子ども

資料４　地図記号のクイズを出す子ども

生かす・広げる段階におけるポイント　〔8／8時目〕
○話し合ったことを実行する場をつくろう。
　自分たちで話し合ったことが実現するという経験を積み重ねることで，「話し合ってよかった。」「友達と話し合うと，こんなに楽しいことができるんだな。」といった話し合うことの意味や価値を学んでいきます。

6 本時の展開 （8時間扱いの4時間目）

(1) 主 眼

　主張と理由のみで話合いが展開されるサンプル（話合いA）と，主張，根拠，理由を用いて話合いが展開されるモデル（話合いB）の文字化を比較し，どちらの話合いが，考えがまとまりそうかについて話し合う活動を通して，根拠を基に話し合うよさに気付くことができるようにする。

(2) 準 備

　学びのあしあと，話合いのサンプルとモデルの掲示物，話合いのサンプルとモデルの音声CD

(3) 展 開

学習活動と子どもの意識	指導上の留意点（○）と評価（※）
1　前時の学習を想起し，本時の学習のめあてを確かめる。 　国語チームの話合いA（サンプル）は，よい話合いだと思うよ。ちゃんと理由を言っているからだよ。みんなはどのように考えたのかな。	○子どもは，前時に，サンプル（話合いA）のよさや改善点，話合いの展開の予想を書いており，本時のめあてを立てている。そこで，根拠を基に話し合うよさについて十分に話し合うことができるように，本時のめあてを確かめる。

よりよく考えをまとめる話し合いを考えよう。

2　話合いのサンプルとモデルを比較し，根拠を基に話し合うよさについて話し合う。	○話合いのサンプルについての考えが，拮抗・対立するように，音声CDを流した後，「よい話合いでしたね。」とゆさぶる発問をし，事前のワークシートに，話合いの展開が困難になると書いていた子どもと，よい方向に進むと書いていた子どもを意図的に指名する。 ○根拠に目を向けることができるように，根拠のある話合いのモデルを提示し，サンプルとの違いやよさについて話し合う活動を設ける。

①ぼくは，話合いA（サンプル）は，はじめはよい話合いだと思っていたけど，二つの話合いを比べたら，話合いBの方がよいと思ってきたよ。

②わたしもそうだよ。話合いB（モデル）は，話合いAよりも，「どうして自分がそう考えたのか。」ということを，詳しく言っているね。

③「2年生がこう書いているから。」というのは，自分の考えの証拠みたいだね。（技能）

④「自分がこうしたい。」というのを言い合っても考えはまとまらないけれど，「2年生がこう書いているから。」と言われたら，納得できるね。

【話合いに根拠があるよさ】
○互いの考えに共感，納得しやすい。（情意）　　　○考えがまとまりやすい。（認知）

| 3　本時の学習をふり返り，次時のめあてを話し合う。

　今日の学習では，話し合うときに，どうしてそう考えたのかという，誰もが納得する根拠を言うと，グループの考えがまとまりやすいということが分かりました。だから，次の話合いでは，根拠を言って，考えをもっとすっきりとまとめたいです。 | ※根拠を基に話し合うよさに気付いている。
○次時の学習への意欲を喚起し，見通しをもつことができるように，「今日の学習で，できるようになってよかったこと」「今日の学習で，分かってよかったこと」についてふり返る場を設け，価値付け・称賛する |

7　本時の展開のポイント

○考えに根拠のない話合いのサンプルと根拠のある話合いのモデルの提示

　主張と理由のみで話合いが展開されるサンプルと，主張，根拠（四角囲みの部分），理由を用いて話合いが展開されるモデルの文字化と音声を提示します。子どもには，四角囲みのない，文字だけのワークシートを配付します。話合いのサンプルとモデルのつくり方，提示のポイントは，次の二つです。

○根拠（四角囲みの部分）だけせりふを挿入し，他のせりふなどは全て統一する。
○改行などもできるだけそろえ，黒板の上下に提示する。（比較しやすくするため。）

【サンプル（話し合いA）】

それぞれのナンバーワンの考え

A先生	B先生	C先生
下学年こつブックをつくる。	じゅんびをするげきをする。	じっさいに見せる。

A：　ぼくは、じっさいにじゅんびするところを見せたらいいと思います。理由は、じゅんびをするげきをすれば、今の一年生や新一年生が楽しく分かりやすくできると思うから、じっさいにじゅんびするところをやったらいいなと思います。

B：　ぼくは、下学年の、うまくやれたときのこつとか、「こうやったらうまくできた。」とかを本にまとめて、それをつくったらいいかなと思いました。この本を見てもらったら、「あっ、こういうときにこういうことをしたらいいんだな。」というのがはっきりわかってもらえるから、ぼくは、こつブックをつくったらいいと思います。

C：　わたしは、二Aからもらった質問をブックにまとめるのもいいと思うんだけど、Aくんと少しにていて、めあてを見せたら、「こんなふうに書く。」とか、「何を一番書いたらいい。」とかが分かるから、じっさいにいろいろ見せたらいいと思います。

【サンプル（話し合いB）】

それぞれのナンバーワンの考え

Dくん	Eくん	Fさん
下学年こつブックをつくる。	じゅんびをするげきをする。	じっさいに見せる。

D：　ぼくは、じっさいにじゅんびするところを見せたらいいと思います。二年生は今度、三年生の代わりに下学年生活グループをするでしょ。だから、そのじゅんびをするげきをすれば、今の一年生や新一年生が楽しく分かりやすくできると思うから、じっさいにじゅんびするところをやったらいいなと思います。

E：　ぼくは、下学年の、うまくやれたときのこつとか、「こうやったらうまくできた。」とかを本にまとめて、それをつくったらいいかなと思いました。新一年生や、今の二年生が三年生になったときに、これにも「下学年で一番たいへんなことはなんですか。」とか「どのように紙にまとめればいいですか。」とか「大事なことはなんですか。」とか、そういうのがでてきているから、この本を見てもらったら、「あっ、こういうときにこういうことをしたらいいんだな。」というのがはっきりわかってもらえるから、ぼくは、こつブックをつくったらいいと思います。

F：　わたしは、二Aからもらった質問をブックにまとめるのもいいと思うんだけど、Dくんと少しにていて、めあてを見せたら、「こんなふうに書く。」とか、「何を一番書いたらいい。」とかが分かるから、じっさいにいろいろ見せたらいいと思います。

8 資料

【自分たちの試しの話合いの分析に使うワークシート　5／8時目】

　3／8時目に各グループで行った約10分間の試しの話合いを文字化しています。

　4／8時目に学んだ，「考えをまとめるときには根拠を示す」ということを基に，この文字化から，話合いをまとめるポイントや改善点を考えます。そうすることで，自覚して根拠を用いることができ，二回目の話合いはよりよくなります。

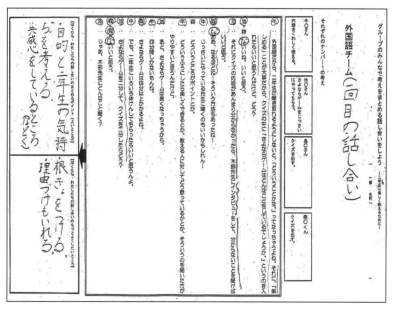

【単元全体をふり返るワークシート　8／8時目】

　本単元の価値をふり返ることができるように，「何を学んだか」「何ができるようになったか」「どんなことが楽しかったか」というふり返りの視点を明確にしています。

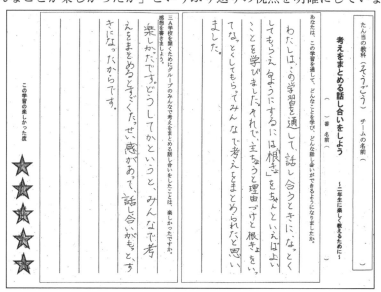

（廣口知世）

3　社会科　　第5学年「現代社会の仕組みや働きと人々の生活」

森林とわたしたちのくらし

1　社会科学習における自ら問い続ける子どもの姿

○身の回りの社会の中から驚きや疑問を見いだし，その答えや解決の方法の見通しをもって
　調べ，それらの学びをふり返って自分の成長に気付いたり，新しい疑問を見いだしたりす
　る姿
　　　　　　　　　　　　　　　　　　　　　　　　　　　　　　　　　　（学びの主体化）
○考えたことや判断したことについて自分の立場や考えの根拠をはっきりさせて学び合い，
　「そうだよね（共感）。」「なるほど（納得）。」「でもね（批評）。」など，互いに伝え合いな
　がら考えを整理したり，明確にしたりする姿
　　　　　　　　　　　　　　　　　　　　　　　　　　　　　　　　　　（学びの協働化）
○身の回りの社会の事象を空間的な広がりや時間，人々の関係などに目を着けてとらえ，そ
　れらを比べたり，仲間分けしたりするなどして，それらの特色や意味を考えたり，新たな
　疑問を見いだしたりする姿
　　　　　　　　　　　　　　　　　　　　　　　　　　　　　　　　　　（学びの深化）

2　本単元が生まれるまで

　5年生は，社会の仕組みをとらえたり，特色を考えたりするだけでなく，「何のために」
といった意味を考えていくことができる学年です。しかし，子どもを取り巻く社会は大人
のつくり出した社会であり，子どもにとっては，「いつの間にか，どこかで，だれかがや
ってくれているもの。」であるため，「割りばしは，自然破壊につながるから使わない方が
いいよ。」など，周りの身近な大人の意見に触発されて，一面的な考えが全てであると思
い込みがちです。そこで，植林や豪雨災害など森林にかかわる新聞を教室の社会科コーナ
ーに掲示し，朝の会や給食時間などの話題に取り上げます。このように，日頃から多様な
事象や考えに触れておくことが大切です。

3　単元の目標

〈社会的事象への関心・意欲・態度〉
○国土の環境保全の重要性に関心をもち，森林資源の働きなど意欲的に調べようとする。
〈社会的な思考・判断・表現〉
○森林資源の働き等に目を着け，森林資源が果たす役割などを考えることができる。
〈観察・資料活用の技能〉
○国土の環境の様子について必要な情報を集め，読み取ったり，まとめたりできる。
〈社会的事象についての知識・理解〉
○森林は，その育成や保護に従事する人々の様々な工夫と努力により，国土の保全など重
　要な役割を果たしていることを理解する。

4 単元展開（総時間数 7時間）

	主な学習活動	指導上の留意点	重視する評価の規準と観点
問いをもつ・見通す	1 日本の森林の様子や現状について調べ、学習問題を設定する。〔2〕	○自分と森林とのつながりを意識し、その働きなどについての問題意識を高めることができるように、日本列島の衛星写真や世界の森林保有率を基に、森林が多いわけや、森林とかかわった経験について語り合う場を設定する。	○森林と自分たちのくらしとの結び付きについての問題意識と調べる見通しをもっている。（社会的事象への関心・意欲・態度）

〈単元を貫く問い（学習問題）〉
　森林とわたしたちのくらしには、どのような結び付きがあるのだろう。

〈問い〉森林には、どのような働きがあるのだろう。

	主な学習活動	指導上の留意点	重視する評価の規準と観点
挑む	2 これまでの産業の学習や自分の経験と結んで、森林の働きについて考える。〔1〕	○森林と自分の生活とのかかわりを考えることができるように、森林のある状態と森林が少ない状態の絵を比べて話し合う活動を設定する。また、4年生の「緑のダム」や前単元の「森は海の恋人」などの学習を再提示する。	○森林が自分たちの生活や産業と密接な関連をもっていることをとらえている。（社会的な思考・判断・表現）

〈問い〉森林は、だれが、どのように育てているのだろう。

	主な学習活動	指導上の留意点	重視する評価の規準と観点
	3 森林を守り育てる林業の様子について調べ、まとめる。〔1〕	○森林を守り育てる人の働きを具体的にとらえることができるように、森林組合の方にインタビューする場を設定する。	○森林組合への取材などを通して、林業の取組を調べ、新聞やノートにまとめている。（観察・資料活用の技能）

〈問い〉切った木を活用する目的がほとんどないのに、北九州市が、税金を使ってまで、木を切ることを進めるのは、どうしてだろう。

	主な学習活動	指導上の留意点	重視する評価の規準と観点
	4 北九州市が様々な取組を実施してまで、間伐を進める理由を考える。〔2〕〈本時〉（2／2）	○日本の森林にかかわる課題をとらえることができるように、「切り捨て間伐」を行うわけについて各自で調べ、共有する場を設定する。○森林を守り、育てることと森林の働きのつながりを考えることができるように、北九州市が行っているもう一つの間伐である、二段林の取組を提示する。	○森林を守り、次の森林を育てるためには、計画的に木を切っていくことが必要であることやそのことが国土の保全や水源の涵養などに大切な働きをしていることを考えている。（社会的な思考・判断・表現）

〈問い〉十分に育った日本の森林を無駄なく使い、未来の森林を育てていくために、わたしたちには、どのようなことができるだろう。

	主な学習活動	指導上の留意点	重視する評価の規準と観点
生かす・広げる	5 森林資源と自分たちのくらしのこれからについて話し合う。〔1〕	○厳しい現状と現在の取組の意味を理解しつつ、よりよい方法を考えたり、選んだりできるように、森林環境にかかわる、新たな取組について考察する活動を設定する。	○森林資源が、国土の保全や水資源の涵養などのために大切な働きをしていることやそのような森林を保護・活用していくために国民一人一人の協力の必要性をとらえている。（社会的事象についての知識・理解）

3　社会科　第5学年「現代社会の仕組みや働きと人々の生活」　27

5 単元展開のポイント

(1) 問いをもつ・見通す段階

　先にも述べたように，社会科の学習では，取り扱う社会の事象をいかに子どもに近づけるかが大切です。そのためには，分かっているつもりになっていることに気付かせ，「あれ？」「実際はどうなのだろう？」といった子どもの素朴な疑問を引き出していくことが必要です。そのときに大切なことは，子どもに「？」が生まれることを急ぎすぎないということです。そのために，本単元に入る前の段階も含めて，学習材にかかわる事実と少しずつ出会わせながら，緩やかに追究する意欲を高めていきます。

　本単元においては，日本列島の衛星写真や世界の森林保有率ランキングを提示し，日本の国土の様子について話し合う場を設定します。すると，「日本のほとんどが森林だな。」「世界と比べても日本は森林の多い国なのだな。」という資料から分かることに加えて，「そういえば，学校からも僕の家からも山が見えるよ。」「森林の見えない場所ってないかも…。そのくらい多いってことかな。」など，今まで意識してこなかった生活の中の森林について目が向き始めました。ここで，「周りに森林が多いみたいだけど，日常では特になくても困ることはないよね。」と問いかけます。このように教師が投げかけるときには，何かおかしいと考えているので，「森林がなくなると，酸素が減ってしまう。」「机もノートもできなくなる。」など，他の学習や日常の経験とつなげて発言しました。さらには，単元が生まれる前の取組を思いだし，「土砂崩れを防ぐのにも役立っているよ。」と考えました。こうして，「もっとたくさんありそう。他にどんな働きがあるのかな。」という子どもの発言を受け，「森林とわたしたちのくらしには，どのような結びつきがあるのだろう。」という問いを見いだしました。

　子どもが単元を貫く問い（学習問題）を見いだしたら，見通しをもつことが大切です。見通しとは，その問いの答えの予想や，どのように調べたらよいかを考えることです。また，何を調べたら解決できそうかという，調べる問いを見通すことです。

　本単元では，先の話し合いの中で子どもから出てきた「勝手に森林が育つのかな。」というつぶやきから，「だれが育てているのだろう。」と，調べる問いをもちました。

> ### 問いをもつ・見通す段階におけるポイント　〔1・2／7時目〕
>
> **①子どもの実態に即した資料をつくり変え，読み取り方を指導しよう。**
> 　既成の資料を提示して，「気付いたことは？」と問うても，子どもは考えられません。そこで，子どもの学習状況や気付かせたいことなどに即して資料の言葉や数値，資料の形式などを改変します。また，例えばグラフであれば，縦軸，横軸の表すもの，一番多いなど，ある点の読み取りを経て変化を読むなど，資料活用の仕方を指導しましょう。
>
> **②教師の出処を絞り込もう。**
> 　子ども一人一人の素朴な驚きや疑問を突き合わせ，学級全体と問いとしていくためには，教師と子どもとのやり取りではなく，子ども相互のやり取りが欠かせません。そのためには，教師の出処を吟味することが大切です。

28　Ⅱ　実践編

(2) 挑む段階

　挑む段階では，まず，問いをもつ・見通す段階において生まれた，「森林には，どのような働きがあるのだろう。」「森林は，だれが，どのように育てているのだろう。」という問いを解決していきます。これは，「森林の働き」と「林業の様子」の事実をとらえる段階です。
　「森林の働き」については，主に教科書を活用し，「林業の様子」については，実際に働く人を介して調べていきます。教科書を活用して調べる際には，教科書に書かれている文章と資料をつなげながらとらえられるようにします。「緑のダム」（第4学年）や「森は海の恋人」（第5学年）など，これまで学習したことと結んだり，思い起こしたりして具体的にとらえられるようにすることが大切です。

　社会科においては，実社会の人々を介した活動の充実が期待されています。そのためには，資料1のように，実際に働いている人にインタビューしたり，その取組を体感したりする場を設定することができると効果的です。直接出会わせることが難しい場合は，インタビュー映像を撮影する，働いている様子を基に資料を作成する，電話インタビューができるようにしておくなど，様々な方法が考えられます。

資料1　実際に使っている道具に触れ，説明をきく子ども

挑む段階におけるポイント①　〔3・4／7時目〕

①事実を丁寧にとらえる場を設定しよう。
　社会科では，社会の事象の特色や意味を考えたり，これから自分のできることを選択・判断したりすることが求められます。しかし，いきなり「なぜか」や「どうしたらよいか」を考えても，根拠のない考えや行動の伴わない考えがでてくるだけです。そのため，何をどのように調べるのか，調べたことをどのようにまとめるのかを計画しておくことが必要です。情報の収集では，子どもが活用する資料を限定したり，絞り込んだりしておきます。整理・分析では，ノートの活用をはじめ，新聞や画用紙などにまとめることが考えられます。そのときに大切なことは，調べて分かったこと（事実）と考えたこと（意見）を区別することです。

②実社会の人を通して考えられる活動を設けよう。
　社会科で取り扱う社会は，無機質な集団としての社会ではなく，思いや願いをもった一人一人の人の営みがつくり出すものです。このことから，対象にかかわる人を通して社会を見つめることは，社会の事象を子どもに引き寄せる上でも意義があります。ただし，ただ出会わせるのではなく，事前に聞き取らせたい事実や思いなどを十分に打ち合わせておくことや，どのように出会わせるかなど，子どもと対象をつなぐ教師の役割がとても大切です。

　事実をとらえると，子どもは満足しがちです。なぜなら，一面をとらえていくことにより，全てをとらえたように錯覚するからです。そこで，分かったつもりでいて，実はまだよく分かっていないことに気付かせることが必要です。
　本単元でも，「林業に携わる人々が，計画的に木を切ることで，森林が整えられている。」

ことや「切った木は，わたしたちの生活に役立てられている。」ことをとらえ，子どもの抱いた初めの問いが解消されているように見えました。そこで，資料2のような，「切り捨て間伐（間伐した木を運んで活用せず，そのまま放置してしまうこと）」と「森林環境税（北九州市民から年500円徴収している税金）」を提示します。このことは，子どもにとって，自分がとらえてきた事実では説明がつかず，「なぜ，そんなことをするの。（しかも税金を使ってまで）」と問いを深めるのです。

資料2　切り捨てられた間伐材

挑む段階におけるポイント②　〔5・6／7時目〕
○子どもの問いを深めよう。
　社会的事象の意味や背景を考えていくには，「どのように。」と事実をとらえてきた子どもの問いを，「なぜ。」に深める必要があります。そのために，本単元のように，子どものとらえた事実とのズレを生む事象を提示することは一つの方法です。他にも，子どものとらえた事実を友達と交流して整理することで「なぜ，ここまでするのだろう。」と深めることができます。

(3) 生かす・広げる段階

　これからの社会科で強く求められているのが，「どうしたらよいのか。」とこれからの自分や社会の在り方を考えていくことです。本単元では，先の場面からつながって，「切り捨て間伐」の意味をとらえた子どもが，「なぜそうするのか分かったけど，やっぱり捨てるのはもったいないな。」とつぶやいたことから，「どうしたらよいのか。」を考え，資料3のような，はがきサイズの新聞に一人一人がまとめます。

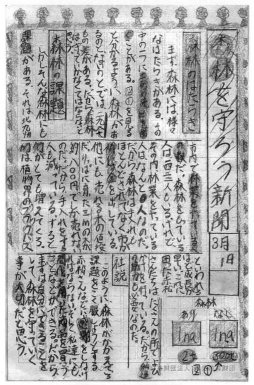

資料3　A児のはがき新聞

生かす・広げる段階におけるポイント
〔7／7時目〕
○子どもの問いの流れを考えて，単元を組み立てよう。
　本単元のように，「どうしたらよいのか。」といった問いが，単元の始めに生まれることには無理のある単元があります。その場合には，無理に単元の始めに生み出そうとせず，初めの問いの解決後に，生み出すようにするとよいです。

30　Ⅱ　実践編

6 本時の展開（7時間扱いの6時間目）

(1) 主 眼
　北九州市が切り捨て間伐を行う理由について考えたり，出荷できるまで育った木を出荷せずに，税金を使ってまで間伐を進めることについて議論したりする活動を通して，森林を守ったり，次の森林を育てたりするためには，計画的に木を切っていくことが必要であることやそのことが国土の保全や水源の涵養などに大切な働きをしていることを考えることができるようにする。

(2) 準 備
　タブレット端末，拡大掲示装置

(3) 展 開

学習活動と子どもの意識	指導上の留意点（○）と評価（※）
1　本時学習のめあてを確認する。 (1) めあてをつかむ。 　森林組合の人は，長い時間をかけて森林を守り，育てていたよ。そんな大事な木なのに，北九州市は，どうして出荷せずに，間伐することに税金を使っているのかな。わたしは，森林を育てることに課題があるからだと考えたけど，みんなは，どのように考えたかな。	○子どもはこれまでに，森林組合の取組について調べ，森林を育てるために，長い時間をかけ，人がかかわっていることをとらえている。そんな中，大事な木が間伐してそのままになっていたり，そのことに市が税金や支援金を出したりしていることから，「どうしてそのようなことをするのか。」と問いをもち，個人で追究を進めている。本時のめあてを明確にもつことができるように，森林を育てる取組と切り捨て間伐の様子を比べて掲示する。
北九州市がお金をかけてまで，木を切ることを進めているのはどうしてだろう。	
(2) 追究の見通しをもつ。 2　切り捨て間伐を行うわけを話し合う。 3　北九州市が木を切ることにお金を使うことについて議論する。 (1) 小グループでの交流 (2) 全体での議論	○追究の見通しをもつことができるように，どのように追究していくかについて共通理解を図る。 ○各自が考えたことやその根拠を共有することができるように，根拠となる資料を拡大掲示装置などで可視化しながら話し合う場を設定する。 ○お金をかけてまで間伐をする意味を考えることができるように，北九州市が行うもう一つの間伐である二段林の取組を提示する。また，森林の働きや持続可能性に着目して，切り捨て間伐を行うことの課題や二段林を行うことによる影響などを総合して話し合う場を設定する。

個で判断する	ホワイトボード・ミーティング	全体で議論する
ぼくは，切り捨て間伐をすることに反対だな。せっかく育てた木を，使わないのに切ることは，もったいないし，十分に育った木だから，わざわざ間伐しなくてもよいのではないかな。	木を無駄に切ることは問題だと思うけど，十分に育った木を切ることで，次の木が育つことになるよ。木が育つには，とても長い時間がかかるから，将来使うことができる木を育てるためにも，必要なことではないかな。	切り捨て間伐にしても，二段林にしても，切った木が無駄になっていることは課題だけど，これらの取組によって，森林の様々な働きを保っていくためには，木を切ることで，森林を守ることは大切だね。

4　本時の学習をふり返り，次時の学習のめあてをつかむ。	※森林を守ったり，次の森林を育てたりするためには，計画的に木を切っていくことが必要であることやそのことが国土の保全や水源の涵養などに大切な働きをしていることを考えている。 ○次時の学習に対する問いを見いだすことができるように，森林蓄積量が増えているにもかかわらず，植林を行っているわけを問いかける。
〈次時への問い〉わたしたちは，どのようなことを考えて森林とかかわっていけばよいだろう。	

3　社会科　第5学年「現代社会の仕組みや働きと人々の生活」　31

7　本時の展開のポイント

○北九州市が間伐に税金をつかう意味を考える場面に絞り込んだ展開

　学び合いにおいては，何を考えるかが絞られていないと，収拾のつかないものになります。そこで，考えることを一つに絞り込むことにより，同じ土台で多様な考えを述べ合うことができるようにします。本時にかかわる点でいうと，「『切り捨て間伐』を行うわけ」と「『切り捨て間伐』にお金（税金）を使うわけ」を，一緒にして話し合っては，話している方も聞いている方もどちらのことかが，分からなくなってしまうのです。そこで，「『切り捨て間伐』を行うわけ」については，前の時間に各自で調べ，その考えをお互いに伝え合い，「切り捨て間伐」を通して見えてくる，日本の森林資源や林業の課題の共通理解を図っておきます。そうして，「林業で働く人が減っているから，切って運ぶところまでいかない。」「日本の木材が高くて切っても売れないけど，切らないと森林全体に影響があるから，仕方なく切る。」などの考えを導きました。その上で，「森林環境税」を再度提示し，「だったら，間伐した木材を運ぶことに税金を使えば，捨てなくてよいのではないの。」と問いかけ，本時で話し合うことを絞り込んでおきます。

　資料4の板書で説明すると，「働く人の高齢化」と「森林の高齢化」の部分は，前の時間に共有したことを整理しただけのものです。そして，本時に考えたのは，北九州市が税金を使っている二つの間伐の様子（両端）とその意味（中央）の部分です。

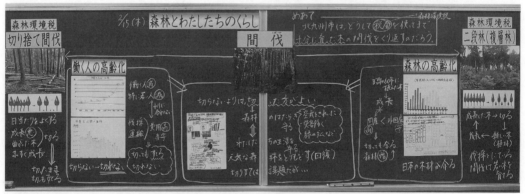

資料4　北九州市が税金を使ってまで間伐をするわけを考え合った板書

○自分の考えを相互に書き出しながら話し合う活動の設定

　自分では分かっているつもりでも，他の人に説明するとうまく伝わらないことはよくあるものです。話し合いが活性化しているときは，子どもは一種の興奮状態ですから，なおのことです。そこで，自分の考えを補足したり，友達の考えをゆっくり検証したりすることができるように，資料5のように，ホワイトボードを活用します。

資料5　考えを書き出しながら話し合う子ども

8 資料

　社会科においては，子どもの考える足場となるように，ノートを効果的に活用することが大切です。中でも，特に大切なのが，ふり返りです。ふり返りでは，「たくさん発表できた。」といった，学習方法よりも，「初めの考えがどのように変わったり，確かになったりしたのか。」「それは，どのような事実（または，友達の考え）からなのか。」といった，学習の内容を中心にふり返るようにします。また，それらの子どもの学びの様相を教師が確実に見取ります。このようにして，子どもの問いや考えを把握することで，次時以降の問いを絞り込んだり，意図的に取り上げたりすることができます。

【子どものノート　4／7時目】

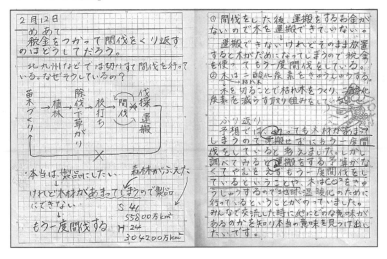

【子どものノート　6／7時目】

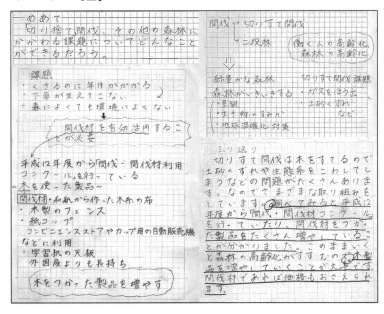

(松本　稔)

4　算数科　第2学年「数と計算」

分けた 大きさを あらわそう
～簡単な分数の学習について～

1　算数科学習における自ら問い続ける子どもの姿

○日常の事象について切実感を得ながら，見通しをもって筋道を立てて考え，自分にとって
　新しい数学的な見方・考え方を導きだすことに没頭している姿　　　　（学びの主体化）
○学び合いにおいて，算数的事象についてのきまりや解決方法について，他者とかかわりな
　がら考察し，問題を解決している姿　　　　　　　　　　　　　　　　（学びの協働化）
○数学的に表現・処理して発見したことを基に，新たな問題に対して，統合的・発展的に考
　えたり，得られた結果の意味を考察したりして納得している姿　　　　（学びの深化）

2　本単元が生まれるまで

　第2学年の子どもは，生活経験を生かして，具体物を操作することによって大きさをと
らえることが容易になります。そこで，日常生活において，家族や兄弟姉妹でケーキなど
を分けて食べた経験を生かし，全体を同じ数ずついくつかに分けたり，全体をいくつかに
同じ数ずつ分けたりする活動を位置付けます。

　しかし，「6このおはじきを2人で分けたら，3こずつになるね。」や「6このおはじき
を3こずつ分けたら2人に分けられるね。」など，具体物を分けることはできるものの，
分けたものの大きさに対して，単に「分けた」という表し方にとどまり，もとの大きさが
何であるかを意識してとらえるまでには至りません。その際，同じ数ずつ分けるという等
分の意味を理解したり，もとの大きさは何かを意識したりすると，分けたものの大きさを
他者にも正確に伝えることができるようになります。このように，分けたものの大きさを
表すものとして，分数を知ることは日常生活をより便利で豊かにすることにつながり大変
意義があります。

3　単元の目標

〈算数への関心・意欲・態度〉

○もとの大きさの2等分，4等分などの大きさに関心をもち，それを言葉や数字で表そう
　とする。

〈数学的な考え方〉

○$\frac{1}{2}$の場合を活用し，具体物を等分する操作的な活動を通して，もとの大きさを基に表し
　方を考えることができる。

〈数量や図形についての技能〉

○2等分，4等分など，等分してできる部分の大きさを分数や具体物を用いて表すことが
　できる。

〈数量や図形についての知識・理解〉

○2等分，4等分などの大きさの分数の表し方を理解する。

4 単元展開（総時間数 5時間）

	主な学習活動	指導上の留意点	重視する評価の規準と観点
問いをもつ・見通す	1 身近なものを分け，分けたものの表し方に着目して単元を設定する。 〔1〕	○分けた大きさの違いをどのように表せばよいかという問いをもち，解決への意欲を喚起することができるように，身近なものを分け，その表し方について話し合う活動を設定する。	○「半分」などの大きさに関心をもち，それを言葉や数字で表そうとしている。 （算数への関心・意欲・態度）

〈単元を貫く問い（学習問題）〉
同じ大きさに分けたものをわかりやすくあらわすには，どうしたらよいだろう。

〈問い〉半分にするには，どうしたらよいだろう。

	主な学習活動	指導上の留意点	重視する評価の規準と観点
挑む	2 正方形などの折り紙で半分の大きさをつくる。 〔1〕	○もとの大きさや分けた大きさは全て等しいことに着目して，正しい半分の意味をとらえることができるように，正方形などの形を折ったり切ったりする活動を設定する。	○半分の大きさを理解している。 （数量や図形についての知識・理解）

〈問い〉半分に分けた大きさは，どのようにあらわしたらよいだろう。

	3 紙テープを半分に折った大きさの表し方を知る。 〔1〕	○紙テープを半分に折った大きさの分数の表し方を理解できるように，様々な大きさに折った紙テープを比較する活動を設定する。	○2等分したものの大きさを分数で表す方法を理解している。 （数量や図形についての知識・理解）

〈問い〉半分の半分に分けた大きさは，どのようにあらわしたらよいだろう。

	4 紙テープを半分の半分に折った大きさの表し方を考える。 本時〔1〕	○半分が$\frac{1}{2}$であることを基にして表し方を考えることができるように，紙テープを4等分や8等分する操作やその大きさをどのように表すかを交流する活動を設定する。	○もとの大きさを基に表し方を考えている。 （数学的な考え方）

〈問い〉いろいろと分けてできた大きさは，どのようにあらわしたらよいだろう。

	主な学習活動	指導上の留意点	重視する評価の規準と観点
生かす・広げる	5 その他の分数の表し方について考え，単元をまとめる。 〔1〕	○さらに等分してできる部分の大きさを分数で表すことができるように，いろいろな分数について考える活動を設定する。	○さらに等分してできる部分の大きさについて分数で表すことができる。 （数量や図形についての技能）

〈生活への問い〉みの回りには，どんな分数があるのだろうか。

4 算数科 第2学年「数と計算」 35

5　単元展開のポイント

(1) 問いをもつ・見通す段階

「分けた大きさを調べたい。」「どのように表せるだろうか知りたい。」という解決への意欲を喚起することができるように，資料1のような「食パン」「カステラ」「どら焼き」などの拡大写真を提示します。

まず，教師が一つの食パン（拡大の写真）を適当な大きさに分け，それを二人の子どもに渡します。

資料1　食パンなどの拡大写真

資料2　実際に二つに分ける様子

資料2（左）のように，大きさの違う食パンをもらった子どもたちは，「やったあ。大きい方をもらった。うれしい。」「だめだよ。ぼくの食パンの方が小さいよ。」と，同じ大きさに分けられていないことを指摘する姿が見られました。次に，資料2（右）のように，子どもにどら焼き（拡大の写真）を渡し，それを分けてもらいます。分けたどら焼きをもらった子どもたちは，「きちんと分けられていないよ。」「分けたところが，ガタガタできれいに分けられていないから。」「どうしたら同じように分けることができるかな。」と，分けた大きさの表し方を追究しようとする姿が見られました。このことから，「同じ大きさに分けたものを分かりやすく表すには，どうしたらよいだろう。」と問いをもち，単元「分けた大きさをあらわそう」が設定されます。

問いをもつ・見通す段階におけるポイント　〔1／5時目〕

○正方形や長方形，円形，帯状の形をしたものを身近な生活から見つけよう。

　この単元をむかえるまでに，正方形や長方形などの図形を学習しています。「食パン」（正方形）や「カステラ」（長方形）などの身近なものを提示すると，生活の中にあるものを分けるといったことに興味をもって視覚的に確認することができます。

　また，円形や帯状の形をしたものを提示することで，単元を通して，いろいろな形の$\frac{1}{2}$や$\frac{1}{4}$などがあることに気付かせることができます。「どら焼き」や「ケーキ」などの円形のもの，「チョコレート」や「ガム」などの帯状のものを提示するとよいです。

(2) 挑む段階

「半分の大きさ」「もとの大きさを折ってできた大きさ」などの表し方についてとらえることができるように，正方形や長方形，円形，帯状の形を用いて，表し方について考える場を設定します（半分と$\frac{1}{4}$を調べる場面について述べます）。

①半分を調べる場面

もとの大きさや分けた大きさは全て等しいことに着目して，正しい半分の意味をとらえることができるように，正方形などの形を折ったり切ったりする活動を設定します。資料3のように，「二つの大きさが半分になっていないよ。」「この二つがどのようになっていたらいいのかな。」「○○くんと○○さんは，二つがぴったりと重なっているね。」などと，ペアで互いの考えの類似点や相違点を見つける姿が見られました。その中で「半分って，どうなっていればいいのかな。」という声もあがり，「はっきりと半分と分かる方法はないだろうか。」という問いが生まれました。そこで，資料4のように，「同じ形が二つ」「もとの大きさ」のキーワードを基に，正方形や長方形，円形，帯状の形を折って切ったり，重ねたりして調べ，全体で比較・検討する場を設定します。

資料3　折り紙を半分に分ける様子

資料4　半分を調べる様子

そのことにより，「じゃあ，これを別の表し方ができないかな。」「数を使って表せないかな。」などと問いが生まれ，「もとの大きさを同じように二つに分けた一つ分を，もとの大きさの二分の一という」といった表し方と「$\frac{1}{2}$」のかき方をおさえます。

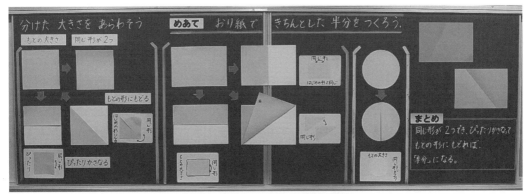

資料5　半分について調べる場面の板書

4　算数科　第2学年「数と計算」　37

②$\frac{1}{4}$を調べる場面

半分が$\frac{1}{2}$であることを基にして,「もとの大きさを同じように四つに分けた一つ分を,もとの大きさの四分の一という」といった表し方を子ども自身で見いだすことができるように,紙テープを4等分する操作やその大きさをどのように表すかを交流する活動を設定します。資料6のように,実際に紙テープを操作することで,「半分に折ってそれをまた半分に折ったら$\frac{1}{4}$になります。」「紙テープを半分に折ると一つ分は$\frac{1}{2}$で,それを半分するから四つに分かれるので$\frac{1}{4}$です。」と根拠を明らかにしながら説明する姿が見られました。さらに,正方形や円形の折り紙を提示することで,「正方形でつくった$\frac{1}{4}$の大きさと丸の$\frac{1}{4}$の大きさが違うけど,どれも$\frac{1}{4}$といっていいのかな。」と次の問いが生まれました。「これ($\frac{1}{4}$の大きさ)を四つ合わせたら,もとの大きさになるから$\frac{1}{4}$でいいよ。」などと,形や大きさの違いに着目して$\frac{1}{4}$の大きさを考える姿が見られました。

資料6　$\frac{1}{4}$を調べる様子

> **挑む段階におけるポイント**
> ○操作を伴った説明する活動を設けよう。
> 　日常生活において,「ジュースを分ける」「お菓子を分ける」など,子どもは様々な場面で「分ける」という作業をしています。日常使っている「半分」「半分の半分」といった言葉と分ける操作を結び付けることで,「半分」「半分の半分」の大きさの意味を実感的に理解することができます。

(3) 生かす・広げる段階

さらに等分してできる部分の大きさを分数で表すことができるように,いろいろな分数について考える活動を設定します。$\frac{1}{2}$などの定義を基に,次々に半分に折っていったらどんな分数になるかを調べていく姿が見られました。(p.41の「8　資料」を参照してください。)

> **生かす・広げる段階におけるポイント**　〔5／5時目〕
> ○いろいろな分数について調べる場をつくろう。
> 　$\frac{1}{16}$や$\frac{1}{32}$など,実際に折り紙を折ったり,$\frac{1}{2}$などの定義を基にできる大きさを調べたりすることによって,根拠を明確にしながら理由をきちんと表現し,分数の意味を実感することができます。

6　本時の展開（5時間扱いの4時間目）

(1) 主　眼

テープを半分の半分にしたときの大きさをどのように表すかを交流する活動を通して,もとの大きさを同じように四つに分けた一つ分が$\frac{1}{4}$であることをとらえるとともに,もとの大きさが何であるかを考え,もとの大きさをそろえて表し方を考えることができるようにする。

(2) 準　備

紙テープ,はさみ,ホワイトボード

(3) 展 開

学習活動と子どもの意識	指導上の留意点（○）と評価（※）
1　本時の問題場面を確認し，めあてを確かめる。 ・今日は，また，半分に折るんだね。$\frac{1}{2}$の半分にするんだね。 ・□は，昨日より小さくなったよ。何といったらいいのかな。 ・半分の半分にした大きさは，どのように表せるかな。	○半分を半分にした大きさを分数に表すことへの意欲を喚起することができるように，具体物を実際に折って切った大きさを見せる。 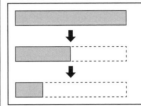 半分に折って切る。 また半分に折って切る。
　半分の半分の大きさのあらわし方を考えよう。	
2　表し方の見通しを立てる。   ・$\frac{1}{4}$よ。だって，四つに分けられるから。 ・$\frac{1}{2}$よ。だって，$\frac{1}{2}$の半分だから。 ・同じ大きさがいくつに分けられたかを考えればいいよ。	○見通しをもち，筋道を立てて考えることができるように，予想している答えや根拠を発表する場を設け，それを整理する。また，ホワイトボードを活用して，その根拠となる考えを焦点化して話し合う場を設定する。
3　半分にして，また，それを半分にした大きさの表し方を考える。 ・$\frac{1}{4}$になるね。もとの大きさを同じように四つに分けた一つ分になっているから，$\frac{1}{4}$でよかったよ。 ・$\frac{1}{2}$よ。だって，二つに分けられたから，$\frac{1}{2}$でいいよ。こうなるね。	○半分の半分の大きさの表し方を帰納的に見つけることができるように，実際に紙テープを折ったり切ったりする操作活動を設定する。 ○もとの大きさを4等分した大きさの表し方を考え，それを説明しながら比較・検討することができるように，操作活動を基に明らかにした考えを出し合う場を設け，その考えの根拠を問う。 ※四つに分けた一つ分が$\frac{1}{4}$であることをとらえるとともに，もとの大きさをそろえて表し方を考えている。 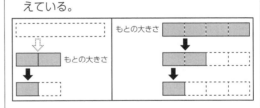
4　表し方について話し合う。 　半分にしたら$\frac{1}{2}$なので，この半分の大きさを半分にしたから，$\frac{1}{2}$でいいと思います。 　もとの大きさが違うよ。この長いテープがもとの大きさにならないといけないよ。 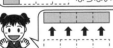 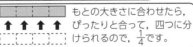　もとの大きさに合わせたら，ぴったりと合って，四つに分けられるので，$\frac{1}{4}$です。	
5　$\frac{1}{4}$のテープをさらに半分に折ったときの大きさの表し方を考える。	○何度折っても，もとの大きさは変わらず，同じように分けられることを確かにすることができるように，$\frac{1}{4}$のテープをさらに半分に折ったときの大きさの表し方を考える場を設定する。
6　本時をまとめ，ふり返る。	○分けた一つ分と，もとの大きさの関係でとらえるよさに気付くことができるように，本時の学び合い活動をふり返る場を設定する。
もとの大きさを同じように四つに分けた一つ分を，もとの大きさの$\frac{1}{4}$という。半分の半分にしても，もとの大きさは同じ。	

7　本時の展開のポイント

○既習事項の活用を促す学び合い

$\frac{1}{4}$の分数について理解する上で，既習事項である$\frac{1}{2}$の場合の活用を促す学び合いを次のように位置付けます。

> 「学び合い」の前段において，操作活動を基に明らかにした考えを出し合う場を設け，その考えの根拠を問う。　　　　　　　　　　　　　　　　　　　　　　　（学習活動3）

資料7のように，紙テープを折ったり切ったりして$\frac{1}{4}$をつくる活動の時間を十分に設けます。そして「どうして，そのように考えたのですか。」と問い，操作活動で明らかになったそれぞれの考えの根拠を出し合うようにします。資料8のように，「$\frac{1}{4}$になりました。」「そのわけは，紙テープを半分に折ると一つ分は$\frac{1}{2}$で，その半分したら四つに分かれるから$\frac{1}{4}$になったよ。」「半分は$\frac{1}{2}$ということを前の時間に学習したから半分なので$\frac{1}{2}$ではないかな。」「$\frac{1}{2}$と$\frac{1}{4}$のどっちだろう。」と二つの考えを比較して既習事項を根拠に正しい考えを検討していきます。

資料7　紙テープで$\frac{1}{4}$をつくる様子

資料8　$\frac{1}{2}$を根拠に説明する様子

> 「学び合い」の後段において，$\frac{1}{2}$の場合を基に，見通した答えや根拠の妥当性についてふり返る場を設ける。　　　　　　　　　　　　　　　　　　　　　　　　　　　（学習活動3）

資料9は学び合いにおいて見つけたキーワードをミニホワイトボードに書いて掲示します。それをふり返り「○○さんが言ったように，$\frac{1}{4}$と思っていたけど，『半分は$\frac{1}{2}$』ということを考えれば$\frac{1}{2}$かと思いました。でも『もとの大きさ』がどれかを考えれば，$\frac{1}{2}$ではないと分かりました。」など，学び合いを通して見いだした考えのよさについてふり返り，学びの深まりを自ら把握します。

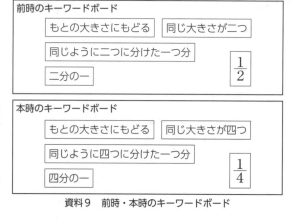

資料9　前時・本時のキーワードボード

8 資料

【生かす・広げる段階でいろいろな分数について調べたノート】

5／5時目に各自で調べたいろいろな分数です。前時までに学んだ「$\frac{1}{2}$や$\frac{1}{4}$の分数の意味」を基に，紙を折ったり計算で求めたりして$\frac{1}{16}$や$\frac{1}{32}$などのさらに小さい分数を考えることができます。

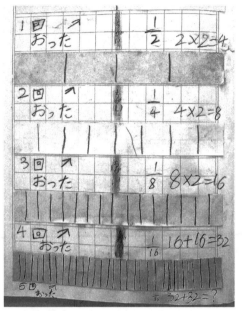

$\frac{1}{4}$などを基に帯状のテープを折って$\frac{1}{16}$などをつくった子どものノート

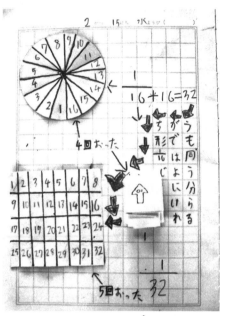

円形や正方形の紙を折って$\frac{1}{32}$をつくった子どものノート

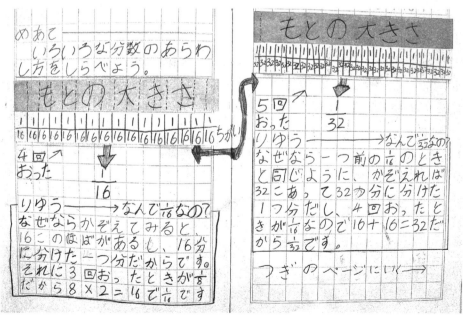

$\frac{1}{16}$や$\frac{1}{32}$をつくり，その根拠を既習と関連付けて確かめた子どものノート

（川原雅彦）

5	算数科　　第3学年「数と計算」

はしたの大きさを分数で表そう

1　算数科学習における自ら問い続ける子どもの姿

○日常の事象について切実感を得ながら，見通しをもって筋道を立てて考え，自分にとって
　新しい数学的な見方・考え方を導きだすことに没頭している姿　　　　　　（学びの主体化）
○学び合いにおいて，算数的事象についてのきまりや解決方法について，他者とかかわりな
　がら考察し，問題を解決している姿　　　　　　　　　　　　　　　　　（学びの協働化）
○数学的に表現・処理して発見したことを基に，新たな問題に対して，統合的・発展的に考
　えたり，得られた結果の意味を考察したりして納得している姿　　　　　　（学びの深化）

2　本単元が生まれるまで

　3年生は，数図ブロックや計算棒などの操作を用いた具体的な思考から，図や表などを
用いた抽象的な思考へと思考方法が高まっていく学年です。また，子どもの日常生活には，
分数を用いて表す場面があります。3年生の子どもにとって，分数の学習は，日常生活か
ら問題を見いだし，具体的思考から抽象的思考へと思考を高める学習として，ふさわしい
と言えます。そこで，立ち幅跳びゲームを行い，はしたの大きさについて考える活動を行
います。そして，ゲームの結果を基に，はしたの大きさを示し，「1mを超えた長さを
『m』で表すと，どうなるのかな。」と発問をすることから，本単元が生まれます。このこ
とは，整数で表す具体的思考から，分数で表す抽象的思考へと数の表し方を広げていく上
で，大変意義があります。

3　単元の目標

〈算数への関心・意欲・態度〉
○分数を用いることに関心をもち，進んで生活や学習に活用しようとする。
〈数学的な考え方〉
○単位分数のいくつ分という考え方を基に，分数の表し方を考えることができる。
〈数量や図形についての技能〉
○分数の大小の判断や，同分母分数の加減計算をすることができる。
〈数量や図形についての知識・理解〉
○分数の意味や表し方を理解する。

4 単元展開 （総時間数 10時間）

	主な学習活動	指導上の留意点	重視する評価の規準と観点
問いをもつ・見通す	1 立ち幅跳びゲームをして，本単元を設定する。 〔1〕	○学習問題を見いだすことができるように，立ち幅跳びの記録の1mを超えるはしたの大きさについて，知りたいことや考えたいことを話し合う活動を設定する。	○はしたの大きさをどう表せばよいか，興味をもって取り組もうとしている。 （算数への関心・意欲・態度）

〈単元を貫く問い（学習問題）〉 はしたの大きさは，どのように表せばよいのだろう。

〈問い〉 1mをもとにしたはしたの大きさは，どのように表せばよいのだろう。

	主な学習活動	指導上の留意点	重視する評価の規準と観点
挑む	2 はしたの大きさの表し方について考える。 〔3〕	○はしたの大きさを1mを基にして表すことができるように，1mのどれだけなのかを話し合う活動を設定する。 ○分数の長さのかき方を考えることができるように，1mの$\frac{1}{3}$は，何mと表すのかを話し合う活動を設定する。 ○かさのはしたの大きさの分数での表し方を考えることができるように，それについて話し合う活動を設定する。	○はしたの長さ1mを等分してできる大きさとして考えている。 （数学的な考え方）

〈問い〉 分数と「1」とのかんけいは，どのようになっているのだろう。

	主な学習活動	指導上の留意点	重視する評価の規準と観点
	3 分数の大きさについて考える。 〔3〕	○分数を「数」として考えることができるように，線分図を基に，分数と「1」との関係を話し合う活動を設定する。 ○分数の「数」としての理解を深めることができるように，数直線上での位置について話し合う活動を設定する。 ○分数でも大小を比べることができることを理解することができるように，大小比較をする問題場面を提示する。	○同分母分数の大小を比較することができる。 （数量や図形についての技能）

〈問い〉 分数のたし算は，どのようにすればよいのだろう。

	主な学習活動	指導上の留意点	重視する評価の規準と観点
	4 分数のたし算・ひき算の仕方を考える。 〔2〕 (1) 同分母分数のたし算の仕方を考える。 **本時(1/2)** (2) 同分母分数のひき算の仕方を考える。 (2/2)	○同分母分数のたし算の仕方について，分数の意味に帰着して考えることができるように，液量図や数直線を使って，話し合う活動を設定する。 ○同分母分数のひき算の仕方について，たし算の場合と関連付けて考えることができるように，液量図や数直線を使って，話し合う活動を設定する。	○「単位分数の幾つ分」ととらえればよいことを見いだしている。 （数学的な考え方） ○同分母分数のひき算をすることができる。 （数量や図形についての技能）

〈問い〉 分数についての問題をつくったり，といたりしたいな。

	主な学習活動	指導上の留意点	重視する評価の規準と観点
生かす・広げる	5 分数についての問題をつくったり解いたりして，本単元をまとめる。 〔1〕	○分数を生活に生かそうとする態度を育てることができるように，これまでの学習を生かして，どんなことをしたいかを話し合う活動を設定する。	○意欲的に，分数についての問題をつくったり解いたりしている。 （算数への関心・意欲・態度）

〈生活への問い〉 分数を生活に生かせる場面はないだろうか。

5 算数科 第3学年「数と計算」 *43*

5　単元展開のポイント

(1) 問いをもつ・見通す段階

単元導入では、「はしたの大きさは、どのように表せばよいのか、調べていきたい。」という単元を貫く解決意欲を喚起することが大切です。ここでは、「立ち幅跳びゲーム」を行います。このゲームでは、子どもが「1mをどれだけ超えられるか。」に挑戦し、超えた長さを競います。子どもが跳んだ後、その長さをテープにとって提示し、資料1のように観察する場面を設定します。その中で、教師が「AくんとBさんは、どちらが遠く跳べたのかな。」と発問します。すると、子ど

資料1　立ち幅跳びゲームで生まれたいろいろな長さのテープを観察する子ども

もは直接比較をし、すぐに「Aくんのテープの方が長いので、Aくんの方が遠く跳んだよ。」と答えるでしょう。そこで、教師が「2人は、1mをどれだけ超えたのかな。」と発問します。すると、「1mを基にして考えると、Aくんは1mの半分で、Bさんは1mの半分よりも短いよ。」という発言が聞かれるでしょう。この「1mを基にした長さ」の考えは、分数の意味につながる大事な考えです。もし、1mを基にした考えが出ないときには、1mのテープを提示し、「このテープと比べると、どのくらいの長さになるかな。」と発問します。そして、1mを基にして考えている発言を取り上げます。その発言を受け、次に「それは、『何m』と言えるのかな。」と切り返します。そうすることで、「1mを超えた部分の長さは、どのように表せばよいのだろう。」という問いが生まれ、単元「はしたの大きさの表し方」が設定されます。

問いをもつ・見通す段階におけるポイント　〔1／10時目〕

①他教科の学習の中から、算数の問題を見いだす活動を設けよう。

　本単元では、体育科の学習で行われる「立ち幅跳び」をゲーム化し、その活動の中から算数の問題を見いだし、問いを焦点化しながら、学習を進めていきました。他教科の学習との関連を図ることで、算数の問題を見いだします。

②はしたの数の大きさに目が向く発問をしよう。

　子どもが、自分たちが跳んだテープの長さを見て気付いたことを、話し合う場を設定しましょう。そして、子どもから「1mの半分」など、1mを基にした発言が出されたときに、はしたの大きさに目が向くように「それは、『何m』と言えるのかな。」と切り返します。この切り返し発問が、問いを生むポイントです。

(2) 挑む段階

　問いをもつ・見通す段階において，子どもは，「1 mを超えた部分の長さは，どのように表せばよいのだろう。」という問いをもっていました。挑む段階は，分数の意味や表し方を知り，分数の表し方をたし算やひき算ができるようにする段階です。そのためのポイントは，次の二つです。

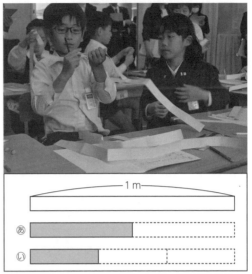

資料2　1 mのテープをはしたのテープと同じ長さに折って調べる子ども

　2／10時目の「1 mの何分の一」という表し方を見いだす学習におけるポイントは，はしたのテープが1 mのどれだけにあたるかを考えることができるように，1 mのテープをはしたのテープと同じ長さに折って調べる活動を設定することです。資料2は，その活動の様子です。同じ長さに折ることができた子どもに，教師が「㋐や㋑のテープの長さは，1 mのどれだけなのかな。」と問います。すると，子どもは「㋐のテープは，1 mのテープの半分です。だから，1 mのテープを二つに分けた一つ分の長さだよ。2年生のときに，『基の大きさを二つに分けた一つ分の大きさを$\frac{1}{2}$という』ことを学んだよ。だから，㋐は『1 mの$\frac{1}{2}$』といえるよ。」「㋑は，1 mのテープを三つに分けた一つ分の長さになっているよ。㋐を『1 mの$\frac{1}{2}$』と表した考え方と同じように考えれば，㋑は『1 mの$\frac{1}{3}$』といえるよ。」と答えるでしょう。このような学習を通して，「はしたの長さを表すには，1 mを何等分したかを考えればよい。」ということを見いだすことができます。

　5／10時目の，分数の大きさについて理解する学習におけるポイントは，線分図を使って，分数と「1」との関係について話し合う活動を設定することです。教師が線分図を提示し，「$\frac{1}{5}$を，三つ，五つ，六つ集めた数はそれぞれ何かな。」と問います。すると，子どもは線分図を見ながら，「$\frac{1}{5}$を三つ集めた数は，1を5等分した三つ分で，$\frac{3}{5}$です。」などと答えるでしょう。そのように，数と図を対応させて考えたり説明したりすることを通して，$\frac{5}{5}=1$であることや$\frac{1}{5}$を六つ集めた数は，1より大きくなることを確かめることができます。また，整数以外にも「数」があることや，$\frac{5}{5}=1$のように数の表示は一通りではないことなど，子どもにとって新たな抽象的思考ができるようになります。

　これらの学習を生かし，8／10時目では，同分母分数のたし算の仕方を考える学習を行うことになります。

挑む段階におけるポイント 〔8／10時目〕
○「単位分数のいくつ分」に目を向ける切り返しの発問や誤答の提示をしよう。

　8／10時目では，図や式を用いた考えを取り上げて，説明する活動を設けます。その中で，教師が「この式の中にある，$\frac{2}{5}$の『2』は，どういう意味なのかな。」と発問します。そうすることで，資料3のように，子どもが図と式と言葉を関連付けて，「式にある『$\frac{2}{5}$』は，テープ図でいうと，$\frac{1}{5}$が2つ分のここまでなので」と説明するでしょう。こうすることで，数字ではなく，式に表された分数の意味について考えることができます。

資料3　$\frac{2}{5}$の意味を，テープ図を使って説明する子ども

　また，子どもが分数の計算をする際，分母同士，分子同士を計算してしまいがちです。そうならないように，$\frac{2}{5}+\frac{1}{5}$の答えが$\frac{3}{5}$であること見いだした後に，教師が「2たす1は3。5たす5は10。だから，答えは『10分の3』ではないかな。」と誤答を提示します。このように，子どもが予想しない考えに出会う場を設定することで，分数の意味に立ち戻ることができます。

　以上のような切り返しの発問や誤答の提示をすることで，同分母分数のたし算で大切な「単位分数のいくつ分」という考え方に目を向けることができるようにします。

(3) 生かす・広げる段階

　本単元をふり返り，今後，分数の大きさについて調べていきたいことを話し合う活動を設定します。すると，子どもから，「『単位分数のいくつ分』を使って，もっと大きな数の分数について考えていきたい。」「分数のかけ算やわり算にも挑戦してみたい。」という発言が聞かれました。

生かす・広げる段階におけるポイント 〔10／10時目〕
○学んだことを生かし，今後，調べていきたいことを話し合う活動を設けよう。
　単元全体で学んだことをふり返ることによって，自分の考えが，単元導入から終末にかけて，どのように変わってきたのかを確認することができます。また，今後の関連のある学習に向けて，発展的に考えていこうとする意欲をもつことができます。

6　本時の展開（10時間扱いの8時間目）

(1) 主　眼

　同分母分数のたし算の仕方についてテープ図や数直線を使って考える活動を通して，「単位分数のいくつ分」ととらえればよいことを見いだすことができるようにする。

(2) 準　備

　学びのあしあと，個人思考カード（テープ図，数直線）

(3) 展　開

学習活動と子どもの意識	指導上の留意点（○）と評価（※）
1　本時の問題をとらえ，学習のめあてをつかむ。 テープ $\frac{2}{5}$ mと $\frac{1}{5}$ mをあわせると何mですか。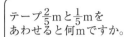 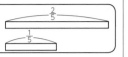 式は，$\frac{2}{5}+\frac{1}{5}$ になる。答えは，どのように考えればよいのかな。	○単位分数を基に考えればよいことに気付くことができるように，学びのあしあとをふり返る活動を設定する。 ○ $\frac{2}{5}$ mと $\frac{1}{5}$ mが，$\frac{1}{5}$ mのいくつ分であるかを気付くことができるように，問題場面のテープ図を観察する活動を設定する。

$$\frac{2}{5}+\frac{1}{5} \text{の計算の仕方を考えよう。}$$

2　計算の仕方を考える。 【予想される子どもの反応】	○テープ図や数直線図を使って考えるとよいことに気付くことができるように，解決の方法について話し合う活動を設定する。

(1) 言葉
$\frac{2}{5}$ は $\frac{1}{5}$ が2こ，$\frac{1}{5}$ は $\frac{1}{5}$ は1こ。
あわせて，
$\frac{1}{5}$ が（2＋1）こなので，$\frac{3}{5}$。
答え　$\frac{3}{5}$ m

(2) テープ図
(3) 数直線図
答え　$\frac{3}{5}$ m

(4) 誤答
$\frac{2}{5}+\frac{1}{5}=\frac{3}{10}$ は $\frac{1}{5}$
分母同士をたして10
分子同士をたして3
だから，$\frac{3}{10}$。
答え　$\frac{3}{10}$ m

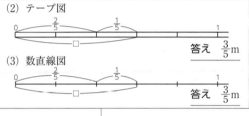

3　計算の仕方を説明し，話し合う。 テープ図や数直線図を使うと，$\frac{2}{5}+\frac{1}{5}$ という式の意味がよく分かるよ。 図を使って考えれば，$\frac{3}{10}$ ではないことが分かるね。 $\frac{1}{5}$ がいくつあるかを考えれば，正しく計算することができるよ。 4　適用題を解く。 　(1) $\frac{4}{7}+\frac{2}{7}$　　(2) $\frac{2}{6}+\frac{4}{6}$ 5　本時の学習をふり返り，まとめ，次時への問いを見いだす。 分数のたし算の仕方は分かったよ。では，分数のひき算の仕方は，どのようにすればよいのかな。	○計算の仕方についての意味理解を確かなものにすることができるように，まず，子どもが言葉，数，式，図などの断片的な表現を提示し，説明する。そして，そこから表された「5」や「3」という数の意味を考えたり，ある子どもの考えを別の子どもが説明したり，友達と相談したりする中で，それぞれの表現を関連付けて説明する活動を設定する。 ○「単位分数のいくつ分か」という考えを確かなものにするために，誤答を提示し，それがなぜ間違っているのかを考え，説明する活動を設定する。 ※「単位分数のいくつ分」ととらえればよいことを見いだしている。 ○分数のたし算の仕方の一般化を図ることができるように，図，式，言葉を使って適用題を解き，その答えの導き出し方について話し合う活動を設定する。 ○本時の学習を通して「分かったこと」をまとめとし，「まだ分からないこと」を次時への問いとして位置付けることができるように，本時の学習内容をふり返る活動を設定する。

$$\text{分数のたし算は，単位分数} \left(\frac{1}{\square}\right) \text{がいくつになるかを考えて計算すればよい。}$$

7　本時の展開のポイント

○同分母分数のたし算の仕方を考えるための切り返しの発問や誤答の提示

　分数のたし算の仕方を話し合う場面においては，子どもが自分の考えを図，式，言葉などの多様な表現を用いて，説明する場を設けます。自分の考えができたら，まずは，グループで話し合う場を設けます。資料4は，グループで，表された数の意味について話し合っている場面です。子どもが「式は，$\frac{2}{5}+\frac{1}{5}$。答えは，$\frac{3}{5}$になるよ。」と発言したところで，教師が「$\frac{2}{5}+\frac{1}{5}=\frac{3}{5}$という式だけでは，数の大きさがよく分からないね。何をかいたらよいのかな。」と切り返します。すると，子どもから「テープ図や数直線をかくとよい。」「テープ図や数直線をかくと，ぱっと見るだけで，式の意味が分かりやすいよ。」というように，式のみではなく，図などを用いて表現するよさに気付いた発言が聞かれます。

資料4　表された数の意味について話し合う子ども

　次に，全体で話し合う場を設けます。ここでは，まず，式，テープ図，数直線，言葉の表現で答えを出している子どもを取り上げ，説明する場を設けます。子どもが「$\frac{2}{5}+\frac{1}{5}=\frac{1}{5}$になります。」や「テープ図で表すと，こうなります。」と説明します。そこで，教師が「答えの『$\frac{3}{5}$』の『3』は，何が『3』なのかな。」と切り返します。すると，子どもは，資料5のように「$\frac{1}{5}$が『3つ』の『3』です。

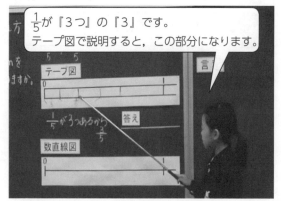

資料5　図，式，言葉を関連付けて説明する子ども

テープ図で説明すると，この部分になります。」と答えます。そして，$\frac{2}{5}+\frac{1}{5}$の答えが$\frac{3}{5}$であると見いだした後に，教師が「2たす1は3。5たす5は10。だから，答えは『10分の3』ではないかな。」と誤答を提示し，なぜ，その考えが間違っているのかを話し合う活動を設けます。そうすることで，子どもは単位分数のいくつ分という考えに立ち戻ります。

　これらのように，段階的な話合い活動の中で，教師が切り返しの発問や誤答の提示をすることで，子どもは，同分母分数のたし算の仕方を考えることができるでしょう。

8 資料

【立ちはばとびゲームで使ったワークシート　1／10時目】

　立ち幅跳びゲームにおいて，自分が跳んだ長さを，まずは予想し，その長さを「よそう」の欄に書きます。そして，このあとの2／10，3／10時目の学習を通して，「$\frac{○}{○}$m」と見いだした長さを，「じっさい」の欄に書き込みます。

【本時の授業後の板書　8／10時目】

　テープ図，数直線，式，言葉を可視化して，板書を問題解決の流れに沿って構造的にまとめています。授業後に黒板を見たときに，その時間の学習内容が一目で分かる板書をつくることが大切です。(1)は問題，(2)はめあて，(3)は見通し，(4)は考え方の可視化，(5)は試しの問題，(6)はまとめを表しています。

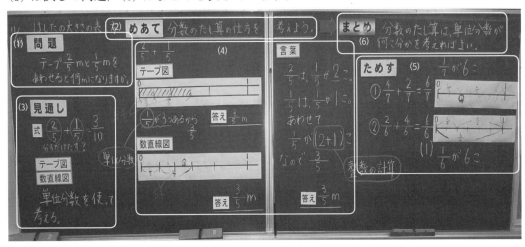

(小川毅彦)

6　理科　第4学年「粒子」

もののの温まり方

1　理科学習における自ら問い続ける子どもの姿

○自然の事物・現象に親しむ中で問題を見いだし，その問題の解決に向けて見通しをもったり，生活経験や既有の知識と問題解決において得た知識を関係付けながらふり返ったりして，自らの学びをコントロールする姿　　　　　　　　　　　　　　　（学びの主体化）
○自然とのかかわりや観察，実験を基に，他者から多様な情報を収集したり，他者と共に，新たな自然の事物・現象の性質や規則性などを見いだしたりする姿　　　　（学びの協働化）
○生活経験や既有の知識と，問題解決において得た知識を関係付けたり組み合わせたりする姿　　　　　　　　　　　　　　　　　　　　　　　　　　　　　　　　　（学びの深化）

2　本単元が生まれるまで

　4年生は，知的好奇心の旺盛な時期です。未経験のことに出会うと，「触ってみたい。」「試してみたい。」という思いをもちます。また，これまでの生活経験とのずれを感じ，「どうして○○になるのだろう。」と，自然の事物・現象に対する問いをもち，解決しようとします。しかし，金属，水及び空気の温まり方は目に見えないため，子どものこれまでの生活経験を当てはめて解決することはできません。そこで，本単元では，目に見えない金属，水及び空気の温まり方を，サーモテープやサーモインクなどを用いて目に見えるようにします。そして，その現象を根拠に，金属，水及び空気がどのように温まるのかを探る学習を展開します。このことは，自然の事物・現象の理解や，観察，実験などに関する技能を身に付ける上で大変意義があります。

3　単元の目標

〈自然事象への関心・意欲・態度〉
○金属，水及び空気を温めたり，冷やしたりしたときの体積の変化に興味・関心をもち，進んでそれらの性質を調べようとする。

〈科学的な思考・表現〉
○金属，水及び空気の温まり方と温度の変化を関係付けて予想したり，考察したりして，自分の考えを表現することができる。

〈観察・実験への技能〉
○金属，水及び空気の温まり方の特徴を調べ，その過程や結果を用いて記録することができる。

〈自然事象への知識・理解〉
○金属は，熱せられた部分から順に温まるが，水や空気は熱せられた部分が移動して全体が温まることを理解する。

50　Ⅱ　実践編

4 単元展開（総時間数 11時間）

	主な学習活動	指導上の留意点	重視する評価の規準と観点
問いをもつ・見通す	1 金属製のスプーンが，簡単にアイスクリームをすくえる理由を話し合い，本単元を設定する。〔2〕	○金属の温まり方についての問いを生起することができるように，金属製，木製，プラスチック製のスプーンをアイスクリームに差し込み，そのときの手応えや様子を調べる活動を設定する。また，水や空気の温まり方に対する問いを生起することができるように，水や空気の温まり方が金属と同じになるのかを話し合う活動を設定する。	○金属製のスプーンが，簡単にアイスクリームや氷に刺さる理由を考えたり，金属製のスプーンの温度の変化を調べ，気付いたことを話し合ったことから，金属，水及び空気の温まり方に着目した問いを生み出したり，今後の学習への思いを高めたりしている。 （自然事象への関心・意欲・態度）
	〈単元を貫く問い（学習問題）〉 手の熱がスプーンの先までどのように伝わり，温まっていったのだろう。また，これまでの学習で金ぞくと一緒に性質を調べてきた，水や空気もどのように温まるのかを調べてみよう。		
挑む	〈問い〉金ぞくを温めると，どのように温まるのだろうか。		
	2 金属の温まり方について調べる。 本時(3／3)	○金属の熱の伝導についての理解を深めることができるように，金属棒や金属板の熱するところを変えて熱したり，立体型の金属を熱し，内部がどのように温まるのかを調べたりする活動を設定する。	○金属は熱せられた部分から順に温まっていることを理解している。 （自然事象への知識・理解）
	〈問い〉水を温めると，どのように温まるのだろうか。		
	3 水の温まり方について調べる。 〔2〕	○水の対流について正確に記録することができるように，ビーカー中の茶葉の流れを矢印を使って可視化する活動を設定する。	○水の温まり方の特徴を調べ，その過程や結果を用いて記録している。 （観察・実験の技能）
	〈問い〉空気を温めると，どのように温まるのだろうか。		
	4 空気の温まり方について調べる。 〔2〕	○根拠のある予想や仮説を発想することができるように，石油ストーブの周りの空気に触れたり，暖房による教室内の温まり方を調べたりする活動を設定する。	○根拠のある予想や仮説を発想したり，空気の温まり方と温度の変化を関係付けて考察したりして，自分の考えを表現している。 （科学的な思考・表現）
生かす・広げる	〈問い〉バルーンはどうして浮くのだろうか。		
	5 これまでの学習を生かし，バルーンの飛ぶ理由を考え，本単元をまとめる。 〔2〕	○これまでの学習を生かしながら進んでバルーンの飛ぶ理由を考えることができるように，ビニル袋を飛ばす方法について話し合う活動を設定する。	○これまでの学習を生かし，進んでバルーンの飛ぶ理由を考えようとしている。 （自然事象への関心・意欲・態度）
	〈生活への問い〉 私たちの身の回りには，他にもものの温まり方の性質を利用した物があるのかな。		

6 理科 第4学年「粒子」 51

5　単元展開のポイント

(1) 問いをもつ・見通す段階

問いをもつ・見通す段階では，「どうしてだろう。」「なぜだろう。」という疑問をもち，「○○ではないかな。」と，予想を含んだ疑問である問題を見いだすことが必要です。本単元では，まず，日常の生活で身近な金属製，木製，プラスチック製のスプーンを使用し，アイスクリームをすくったときの様子の違いを，資料1のように比較する活動を設定します。すると，子どもは，「どうして金属のスプーンは手応えが小さく，簡単にアイスクリームをすくえるのだろう。」という疑問をもつ姿が見られました。次に，「スプーンがアイスクリームにふれているところを見てごらん。」と見る視点を提示します。すると，子どもは，「金属のスプーンはアイスクリームが溶けているよ。手の熱が金属を伝わって溶かしているんだよ。だから，金属のスプーンは手応えが小さく，簡単にアイスクリームをすくえるんだよ。」などと，金属の温まり方に目を向けた問題を見いだす姿が見られました。このように，自然の事物・現象を比較する活動を設定したり，見る視点を提示したりすることで，「どうしてだろう。」という疑問をもち，「金属は熱が伝わるのではないかな。」と，問題を見いだす姿が見られました。

資料1　アイスクリームをすくう子ども

問いをもつ・見通す段階におけるポイント　〔1・2／11時目〕

①金属製，木製，プラスチック製のスプーンでアイスクリームをすくったときの違いを比較する活動を設定しよう。

　熱伝導の大きい金属製のスプーンは，手の熱をスプーンの先端に伝え，アイスクリームを溶かしながらすくうことができます。そのため，木製のスプーンやプラスチック製のスプーンでは感じることができない手応えを感じることができます。この手応えの違いは，子どもにとって不思議なものです。よって，「どうして金属製のスプーンは，他のスプーンとは違うのだろう。」などと，疑問をもつことができます。

②見る視点を提示しよう。

　「スプーンがアイスクリームにふれているところを見てごらん。」と，見る視点を提示することによって，アイスクリームの溶ける様子に気付き，「金属は熱が伝わるのではないかな。」といった，予想を含んだ疑問である問題をもつことができます。

---

(2) 挑む段階

①予想や仮説を発想する場面

本単元では，水の温まり方に対する予想や仮説を発想するために，二つに仕切った容器に，温度の高い水と温度の低い水を入れ，仕切りを外したときの現象を観察する活動を設定します。資料2のように，二つに仕切った容器の一方に温度の高い水，もう一方に温度の低い水を入れ，「仕切りを外すと，どうなるかな。」と尋ねます。すると，「温かい水と

冷たい水が混ざって，色が赤か青に変化する。」と発言する子どもが多数見られました。そこで，仕切りを外し，資料3のような温度の高い水と温度の低い水が上下へ分かれる現象を提示します。子どもは，「温かい水は上に行くんだね。ということは，水は温めると上に上がっていき，上の方から下の方へ温まっていくのではないかな。」と，実際に見た現象を根拠に予想や仮説を発想する姿が見られました。

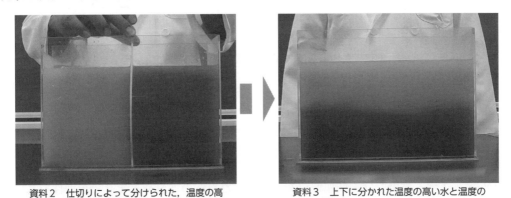

資料2　仕切りによって分けられた，温度の高い水と温度の低い水

資料3　上下に分かれた温度の高い水と温度の低い水

予想や仮説を発想する場面におけるポイント
○予想や仮説の根拠となるような自然の事物・現象にかかわる活動を設定しよう。
　　予想や仮説を発想する場面において，予想はするものの，その根拠が「何となく。」や「本（図鑑）にかいてあったから。」という子どもの姿や，生活経験を根拠に予想や仮説を発想しますが，友達の予想や仮説の根拠を受け止めることができない子どもの姿をよく目にします。この原因として，子ども自身の生活経験が乏しいことや，共通の体験が少ないことが考えられます。そこで，予想の根拠となるような自然の事物・現象とかかわる活動を設定します。そうすることで，根拠のある予想や仮説を発想することができます。また，友達の予想や仮説の根拠を受け止め，より妥当な予想や仮説を友達と検討することができます。

②実験の結果から考察する場面
　　本単元では，実験で得られた結果を基に水の温まり方を考察することができるように，「変化したもの」「変化させたもの」という視点を提示します。すると，子どもは，「変化したものは，サーモインクの色だよ。」「変化させたものは，水の温度だよ。」「ということは，水は温めたところから温度が上がり，温められた水は上に上がっていくんだね。」と，変化と変化の要因を導き出し，水の温まり方をとらえる姿が見られました。また，自分の考えをより妥当性のあるものにするために，水の温まり方をキーワード，図や表，数値，矢印等を使って，自他の考えをホワイトボードに表しながら話し合う活動を設定します。すると，子どもは，図や表，数値，矢印等用いて，自分の考えた水の温まり方をホワイトボードに表しながら，結果から導き出した考察の整合性を吟味したり，自分の考えを改めたりする姿が見られました。

実験の結果から考察する場面におけるポイント

①「変化したもの」「変化させたもの」という視点を提示しよう。

　　考察は，観察，実験で得られた結果から自分の考えをつくり出す場面です。この場面で子どもが一番陥りやすいことは，考察の内容が結果の内容と同じになってしまうことです。それは，現象の変化の要因をとらえることができないことに原因があります。そこで，「変化したもの」「変化させたもの」という視点を提示します。そうすることで，「水の温度」という要因をとらえると同時に，「水の温まり方は熱したところから上に上がっていく」という，要因を踏まえた考察を導きだすことができます。

②キーワード，図や表，数値，矢印等を用いながら話し合う活動を設定しよう。

　　自分一人だけでは，妥当性のある考えを導き出すことができないことがあります。そこで，自他の考えをキーワード，図や表，数値，矢印等を用いながら話し合う活動を設定します。そのことで，自他の考えが伝わりやすくなり，自分の考えをより妥当性のある考えへ変えることができます。

(3) 生かす・広げる段階

　生かす・広げる段階では，問題解決を通して得た自然の性質やきまり，規則性を基に，子どもが生活の中で目にしたことがある自然の事物・現象についての問題を解決して理解を深めたり，ものづくりや生活に生かしたりする場面です。

　本単元では，子どもが目にしたことがあるバルーンが空に浮く現象を取り上げます。そして，「バルーンがどうして浮くのか」を考える活動を設定します。まず，バルーンに見立てたビニル袋を用意し，「どうすれば，このビニル袋が浮くのかな。」と尋ねます。すると，子どもは，「温まった水や空気は上に動きます。水では重いので，温めた空気を中に入れると浮くと思います。」と，これまでの学習を生かした発言を行う姿が見られました。次に，実験用ガスコンロの上にビニル袋をあて，膨らむ様子や浮き上がる様子を観察します。すると，子どもから，「やっぱり温めた空気を入れているから浮くんだね。あのバルーンの中には，温かい空気がたくさん入っているんだね。」など，学習したことを生かし，新たな問題を解決する姿が見られました。

生かす・広げる段階におけるポイント　〔10・11／11時目〕

○子どもが生活の中で目にしたことがある自然の事物・現象に対する問題を解決する場面を設定しよう。

　　子どもが生活の中で目にしたことがある自然の事物・現象についての問題を考えることによって，理解が深まります。また，「身の回りのものには理科が使われている。」と，理科のよさを実感し，科学への関心を高めることができます。

6 本時の展開（11時間扱いの5時間目）

(1) 主 眼
　T字型の金属を温め，温まり方を調べたり，自他の考えをホワイトボードにキーワード，図や表，数値，矢印等を用いて表したりする活動を通して，立方体の金属も，熱せられたところから順に遠くの方へと温まっていくことをとらえることができるようにする。

(2) 準 備
　学びのあしあと，T字型の金属，ホワイトボード，スタンド，実験用コンロ

(3) 展 開

学習活動と子どもの意識	指導上の留意点（○）と評価（※）
1　前時の学習を想起し，めあてを確認する。 前回の学習では，立方体の金属の温まり方を調べたよ。示温シールの色の変化から，僕は，周りを伝って温まっていると思うんだけど，中から外に温まっていると言っている友達もいるよ。どちらなのだろう。前回の学習で確認した，T字型の金属を使って調べてみよう。	○解決への見通しをもつことができるように，立方体の金属の温まり方の予想を表したホワイトボードを基に，これまでの学習をふり返る活動を設定する。

　　　　　　T字型の金属がどのように温まるのかを調べよう。

2　T字型の金属を温めたときの温まり方について調べる。 (1) 実験方法について確認する。 (2) 実験を行い，結果について話し合う。 (3) 結果を基に考察する。	○示温シールの色が正面，側面，裏面のどの順で変化していくのかを明確にとらえることができるように，見るところ（視点）を確認する。 ○結果の共有化を図ることができるように，色の変化を図や絵や記号，キーワードを用いて表す活動や，各班の結果を表にまとめる活動を設定する。 ○自分の考えを再考し，妥当性のある考えを導き出すことができるように，自他の考えをホワイトボードにキーワード，図や表，数値，矢印等を用いて表す活動を設定する。 ○金属内部の温まり方をとらえることができるように，透明の立方体の箱に色の違う砂を入れ，内部を可視化したモデルを作成する。

①前回の結果は，周りから示温シールの色が変わっていったので，周りから温まっていたよ。

②今回の結果では，B→A→Cという順に色が変わっていったから，周りから温まっているというわけではないね。

③この二つの結果をあわせて考えてみると，立方体の金属の中も一緒に温まっていたんだね。

④つまり，立方体の金属も，金属棒や金属板と同じように，熱せられたところから順に遠くの方へと温まっていることが分かるね。

3　本時の学習をまとめ，次時の学習について話し合う。	※立方体の金属も，熱せられたところから順に遠くの方へと温まっていくことをとらえている。

　　　　　立方体の金属も，熱せられたところから順に遠くの方へと温まっていく。

7 本時の展開のポイント

○T字型の金属の提示

「金属は温めたところから順に温まっていく」という，棒状や板状の金属の温まり方の見方や考え方を生かしながら，立体型の金属の温まり方を調べるために，T字型の金属を提示します。提示するT字型の金属と実験装置の内容は資料4のとおりです。

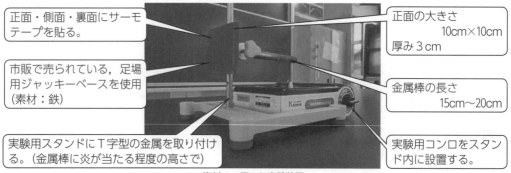

- 正面・側面・裏面にサーモテープを貼る。
- 市販で売られている，足場用ジャッキーベースを使用（素材：鉄）
- 実験用スタンドにT字型の金属を取り付ける。（金属棒に炎が当たる程度の高さで）
- 正面の大きさ 10cm×10cm　厚み3cm
- 金属棒の長さ 15cm～20cm
- 実験用コンロをスタンド内に設置する。

資料4　用いた実験装置

○金属内部の温まり方の可視化

T字型の金属の温まり方の結果だけではとらえきれない金属内部の温まり方をとらえるために，金属内部の温まり方を色違いの砂を積み重ねることで示します。方法や道具は資料5のとおりです。

①水槽のある一点の頂点を下にし，黒色の砂を入れる。
②黒色の砂の上に，白色の砂を積む。
③白色の砂の上に，黄色の砂を積む。
④黒色，白色，黄色の順で繰り返し積む。
※砂の色は変えてもよいです。
※砂の代わりに，コーヒーや砂糖などを使ってもよいです。

市販されている，小型の水槽 20cm×20cm×30cm

資料5　可視化する方法と道具

8 資料

【ICT機器の活用　2／11時目】

　ICT機器を活用することにより，理科の学習を充実させることができます。資料6のように自然の事物・現象を拡大・縮小することにより，子どもにとらえさせたい箇所を分かりやすくすることができます。また，時間を操作することができることから，変化の様子を止めたり，速度を速めたり遅めたりすることができます。さらに，話合い活動においても，子どもの考えが書かれたノートなどを映し出し，映し出したものを基に説明することによって，話し合いの深まりが期待できます。

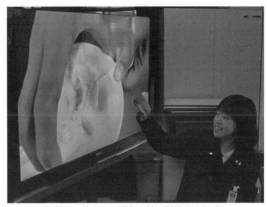

資料6　拡大した現象を基に説明する子ども

【単元全体のふり返り　11／11時目】

　単元全体をふり返ることができるように，「単元全体の流れ（最初は，まず，次に）」「単元を通して分かったこと（このようなことが分かったけれど）」「新たな疑問（何で，どうして，調べたい）」を視点にふり返りを書く活動を設定します。そうすることで，学習内容の理解を深めたり，自分の成長を自覚したり，学習意欲を高めたりすることができます。

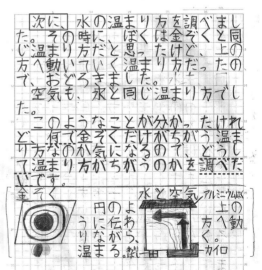

資料7　子どものふり返り

（藤田恭孝）

7 生活科 第1学年「自分の成長」

もうすぐ 2年生

1 生活科学習における自ら問い続ける子どもの姿

○身近な人々，社会及び自然を自分とのかかわりでとらえ，繰り返し対象とかかわりながら思いや願いを連続・発展させ，活動に没頭している姿 （学びの主体化）
○友達とかかわりながら活動し，互いの思い，願い，気付きを伝え合ったり，ふり返ったりして新たな気付きを生み出したり，活動を創り出したりする姿 （学びの協働化）
○無自覚な気付きを自覚し，比べたり，関連付けたりして気付きの質を高めている姿
（学びの深化）

2 本単元が生まれるまで

　低学年の子どもは，日常生活の中で「漢字がきれいに書けるようになったよ。」や「逆上がりができるようになったよ。」などと，以前は上手にできなかったことができるようになったときに，進んで教師に伝えてきます。そのような自分の成長を教師や友達に受け止めてもらったり，褒められたりすることで，生活への意欲を高めることができます。なぜなら，遊びの中で，思考がはたらき，気付きを広げたり，深めたりしていくからです。そこで，本単元では，遊びを通して，入学してから「できるようになったこと」「分かるようになったこと」などの自分の成長をふり返ることができるようにします。このことは，自分自身への気付きを促し，自分自身に対する自信を深め，意欲的に生活しようとする上で，大変意義があります。

3 単元の目標

〈生活への関心・意欲・態度〉
　○自分の成長に関心をもって成長したことを見つけ，自分の成長を喜び，自信をもって意欲的に生活しようとする。

〈活動や体験についての思考・表現〉
　○過去の自分や生活をふり返ったり，現在の自分と比較したりして，できるようになったことを具体的に考えて伝えたり，カードにまとめたりすることができる。

〈身近な環境や自分についての気付き〉
　○自分でできるようになったことや心の成長，それには周りの人たちの支えがあったことに気付いたり，自分のよさや可能性に気付いたりすることができる。

4　単元展開（総時間数　9時間）

	主な学習活動	指導上の留意点	重視する評価の規準と観点
問いをもつ・見通す	1　入学してからこれまでの生活をふり返り，本単元を設定する。　　　　　〔2〕	○できるようになったことや分かるようになったこと見つけながら遊びたいという思いをもつことができるように，「ゴールした自分は入学したときと同じかな。」と問う。 ○入学してから今までの生活をふり返ることができるように，「すごろくゲーム」で遊ぶ活動を位置付ける。	○1年間をふり返り，楽しかったことやできるようになったことなどを見つけようとしている。 （生活への関心・意欲・態度）
	〈単元を貫く問い（学習問題）〉 できるようになったことや わかるようになったことを 見つけながら「すごろくゲーム」で あそぼう。		
挑　む	〈問い〉 「すごろくゲーム」であそび，できるようになったことや わかるようになったことを 見つけよう。		
	2　「すごろくゲーム」をして，できるようになったことや分かるようになったことなどをカードに書く。　　〔2〕	○「すごろくゲーム」をして「もっとできるようになったことを見つけたい。」という思いをもつことができるように，できるようになったことについて周りの人とのかかわりや心の成長などを話している子どもを称賛する。	○できるようになったことや分かるようになったことが増えたことに気付いている。 （活動や体験についての思考・表現）
	〈問い〉 マスを つけくわえた「すごろくゲーム」をして あそび，もっと できるようになったことや わかるようになったことを 見つけよう。		
	3　マスを付け加えた「すごろくゲーム」をして，できるようになったことや分かるようになったことなどをカードに書く。　　　本時〔2〕	○自分の成長には，周りの人々の支えがあったことに気付くことができるように，「誰としたのかな。」などを問いかける。 ○自分のすごろくをつくりたいという思いをもつことができるように，ふり返りを伝え合う活動を位置付ける。	○自分ができるようになったことなどについて，周りの人々の支えや心の成長があったことに気付いている。 （身近な環境や自分についての気付き）
生かす・広げる	〈問い〉 「せいちょうカード」を つかって じぶんの すごろくゲームを つくろう。		
	4　自分の「すごろくゲーム」をつくる。　　　　　　〔2〕	○自分の思いに合ったすごろくをつくることができるように，すごろくの例を紹介したり，どんなマスが必要なのかを話し合ったりする活動を位置付ける。	○カードの並べ方を自分なりに考えながらすごろくをつくっている。 （活動や体験についての思考・表現）
	〈問い〉 ともだちや かぞくと「ぼく，わたしの すごろくゲーム」で あそぼう。		
	5　家族と「ぼく，わたしのすごろくゲーム」で遊び，本単元をまとめる。　　　　〔1〕	○2年生に向けて生活の意欲をもつことができるように，家族からの手紙を読み，ふり返りを伝え合う活動を位置付ける。	○さらに頑張ろうとしている自分に気付き，2年生に向けて，生活に自信や期待をもっている。 （身近な環境や自分についての気付き）
	〈生活への問い〉 これから がんばろうとおもうことを 2年生まで つづけて とりくんでいきたいな。		

7　生活科　第1学年「自分の成長」　59

5　単元展開のポイント
(1) 問いをもつ・見通す段階

　単元の導入において，子どもたちが「ふり返ることは楽しいな。」「友達に聞いてほしいな。」という思いをもつことが重要です。

　そのために，教室に「できるようになったよカード」を置き，いつでも個別のボックスに入れることができるようにします。そして，書いたカードを教師が紹介したり，朝の活動で友達と伝え合ったりする活動を継続して行っていきます。すると，「まだあるよ。書きたいな。もっと紹介したい。」という思いが高まっていきます。このように，日頃からふり返ることができる環境をつくり，続けて活動を行っていきます。

資料1　教室の掲示

　次に，「遊びながらふり返る」活動をつくり出すことができるように，資料1のように，毎月学級で取り組んだ活動をまとめた掲示物や写真を掲示します。「6年生との花植え活動は楽しかったね。」「秋には，ドングリごまをつくって友達と遊んだよ。」など，友達と話す姿が見られたら，学級全体で思い出を話す活動を行います。写真は，整然と並べるのではなく，資料2のように，すごろくを連想させるようなレイアウトに

資料2　思い出を話す子ども

します。思い出を伝え合ったところで，どんな活動をしたいかを問うと「もっと話したい。」「すごろくみたいに遊んで，止まったところの話をすれば楽しいよ。」という発言が聞かれました。そこで，写真を並べたすごろくで遊ぶ活動を行います。遊んだ後，「楽しかった。またしたいな。友達のことを聞いておもしろいと思いました。」など，子どもの思いを整理しながら，「できるようになったことやわかるようになったことを見つけながら『すごろくゲーム』であそぼう。」という学習問題をつくっていきます。

問いをもつ・見通す段階におけるポイント

①日頃から環境を整え，継続的な活動を位置付けよう。　〔1／9時目〕
　　長いスパンで継続的に活動に取り組むことが重要です。いきなり「できるようになったことは何かな。」「ふり返りましょう。」と教師が言っても子どもは動き出しません。

②子どもの思いを整理して学習問題をつくろう。　〔2／9時目〕
　　教師が一方的に提示するのではなく，子どもの思いを十分に引き出し，整理しながら，学習問題を一緒につくることが大切です。

(2) 挑む段階

　ふり返ったことを表現しようとすることで子どもは思考し，気付きを自覚することができます。内容の(9)「自分の成長」の単元は，カードを書いて紹介するという活動を仕組むことが多い単元ですが，それでは「させられている活動」になりがちです。そこで，「すごろく」という「遊び」の要素を取り入れることで，表現する必然性が生まれ，時系列で自己の成長をふり返ることができます。子どもが楽しく遊びながら自己の成長に気付くことができるように，次の二つのポイントが大切です。

> **挑む段階におけるポイント1**　〔3〜6/9時目〕
>
> 　次に示す二つのポイントは，3〜6時目に毎時間取り入れるポイントです。
>
> ①提示するすごろくを子どもの実態や思いに合わせて作成しよう。
>
> 　子どもの気付きが，出来事からできるようになったこと，かかわった人や心の成長へと深まっていくことができるように，三つの段階で作成し，提示します。
>
> 　3/9時目では，資料3のように，出来事ごとについてふり返ることができるように，各行事や学級での活動の写真を並べたすごろくで遊びます。
>
> 　4/9時目には，「もっと他にもできるようになったことを話したい。」という思いから，資料4のように，「できるようになったこと・分かるようになったこと」のマスを作り，話す内容の自由度を上げます。このことによって，話す内容の広がりが見られます。
>
> 　5・6/9時目には，資料5のように，かかわった人を視点にふり返るマスと，心の成長についてふり返るマスを作ります。このことによってかかわった人の支えに気付いたり，心の成長に気付いたりすることができます。
>
> 　以上のようなマスは，すごろくをしているときに話している内容や毎時間のふり返りを教師が見取り，「○○くんは，もっと家族のことについて話したいと言っていましたが，どんなマスがあったらよいのでしょう。」などの問いかけをし，全員の共通理解のもとに，マスを作成していきます。

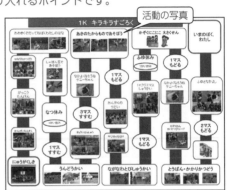

資料3　すごろく①

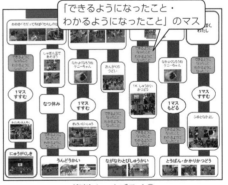

資料4　すごろく②

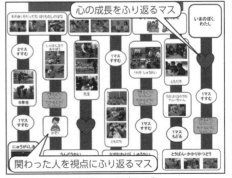

資料5　すごろく③

7　生活科　第1学年「自分の成長」　61

②子どもと共にルールを考えよう。

　まず，2／9時目で初めてすごろくゲームをしたときに，資料6のように，初めのルールを提示します。そして，すごろくをしてどんなことが楽しかったかを問い，「思い出を話すことが楽しかった。もっと話したい。」という思いを価値付けます。こうすることで，「早くゴールしたら勝ち」ということではなく，「成長を見つけていくことの楽しさ」を子どもと共有します。

　その上で，3・4／9時目のふり返りのときに，ルールについて話し合い，資料7のように，ルールを付け加えていきます。

　また，話すことの意欲を継続することができるように，自分のことを話したり，友達に質問したりすることができたら，カードにポイントを貯め，ゴールをしたときにポイントが多い人が勝ちになるようなルールにするとよいです。

すごろくゲームのルール
①サイコロを ふり でた かずだけ すすむ。
②とまったところで カードを かいたひとが はなす。
③ゴールを したら はなしたことも せいちょうカードに かく。

資料6　初めのルール

付け加えたルール
○はなしたら ポイントカードに○をつける。
○しつもんなどをしたら ポイントカードに○をつける。
○はなせないときは，ともだちがたずねたり，おしえたりする。
○先にゴールした人は，ともだちにしつもんしたり，いいところをほめたりする。
○ゴールをいきすぎてもよい。

資料7　付け加えたルール

(3) 生かす・広げる段階

　自分の成長カードが増えていくと，子どもは，「自分のすごろくをつくりたい。」という思いをもちます。そこで，資料8のように，成長カードを使って模造紙にすごろくをつくる活動を行います。完成すると，子どもたちは，友達を誘い，遊び始めました。そして，「今度はお父さんとしてみたい。」と活動を広げる様子も見られました。家族にも自分ができるようになったことを認めてもらうことで，「これからも頑張ろう。」と，生活への意欲と自信をもたせることができます。

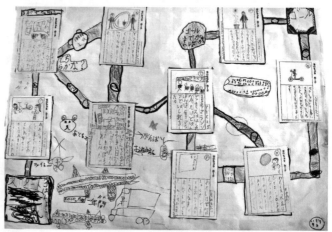

資料8　作成したすごろく

> **生かす・広げる段階におけるポイント**　〔7～9／9時目〕
> ○自分のすごろくをつくり，遊ぶ活動を設定しよう。
> 　「ぼく，わたしのすごろく」をつくり，友達や家族と自分のすごろくで遊ぶ活動を行うことで，生活への意欲や自信につながります。

6 本時の展開（9時間扱いの6時間目）

(1) 主 眼

　ふり返りを基にマスをつくり変えた「すごろくゲーム」で遊び，できるようになったことや分かるようになったことなどを「せいちょうカード」にかく活動を通して，自分の成長や周りの人々の支えに気付くことができるようにする。

(2) 準 備

　成長カード，すごろくゲーム　さいころ

(3) 展 開

学習活動と子どもの意識	指導上の留意点（○）と評価（※）
1　前時の学習を想起し，本時のめあてを確認する。 前の時間，マスを変えた「すごろくゲーム」をして，友達に教えてもらってできるようになったことや友達に優しくできるようになったことを見つけました。もっと「すごろくゲーム」をして遊びたいです。	○本時のめあてにつなぐことができるように，人とのかかわりや心の成長を視点に前時の学習をふり返り，すごろく遊びをしたいという思いを伝え合う場を設定する。

　　　　　　「すごろくゲーム」であそぼう。

2　「すごろくゲーム」で遊ぶ。 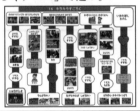	○自分の成長には周りの人々の支えがあったことに気付くことができるように，「せいちょうカード」の記述の見取りから，意図的にグループを編成する。 ○自分の成長には周りの人々の支えがあったことに気付くことができるように，「誰としたのかな。」や「そのときどんな話をしたのかな。」などを問う。

秋に，よく回るどんぐりごまをつくってたくさん遊んで勝つことができたことがとてもうれしかったです。

シャボン玉遊びをしたときに，○○さんが大きなシャボン玉をつくるひみつを教えてくれて，大きなシャボン玉をつくることができました。

すごいね。だれと競争したのですか。

○○君だよ。○○君のこまを見たり，教えてもらったりしながら競争したよ。

そうそう，わたしも○○さんに教えてもらってできるようになったよ。

3　話したことを選んで「せいちょうカード」にかき，紹介する。	○個に応じた気付きの質を高めることができるように，見取り表を基に，「できるようになったわけ」を個別に問う。

①ぼくは，字がきれいに書けるようになりました。

②どうしてできるようになったのかな。

③先生や家族に教えてもらって丁寧に書いたからです。

④面倒くさいと思うときはなかったかな。

⑤あったけれど，がんばろうと思って書いています。

⑥すごい。がんばる心があったのですね。

4　これまでにかいた「せいちょうカード」を並べ，次時の活動に意欲と見通しをもつ。 かいたカードを並べるとできるようになったことが増えたことが分かってうれしいです。このカードを使って自分のすごろくをつくってみたいな。	※自分ができるようになったことなどについて，周りの人々の支えや心の成長があったことなどに気付いている。 ○自分のすごろくをつくりたいという思いをもつことができるように，たくさんの「せいちょうカード」を使ってどのような活動をしたいかを問いかける。

　　　〈次時への問い〉今まで　かいた　カードを　使って　自分の　すごろくを　つくろう。

7　本時の展開のポイント

○気付きの質を高める学び合いの支援

　子どもが学び合いを通して，気付きの質を高めることができるように，教師が支援をします。支援のポイントは，次の二点です。

(1) 意図的なグループ編成をすること

　グループを三人で構成します。本時では，前時までの子どもの気付きを把握し，次のような気付きをもっている子どもを入れてグループをつくります。

- 自分ができるようになったことに気付いているが，人とのかかわりや支えに気付いていない子ども
- 人とのかかわりや支えに気付いている子ども
- 心の成長にも気付いている子ども

　このようなグループを編成をすることで，資料9のように，楽しみながらすごろくを行い，友達との違いに気付いたり，気付きを広げたりする姿を生み出すことにつながります。

資料9　すごろくをしている子ども

(2) 教師が積極的に言葉かけをすること

　気付きの質を高めることができるように，すごろくをしているときや成長カードに書いているときに，資料10のような効果を考えながら，子どもに言葉かけを積極的に行うことが大切です。

　第1学年の子どもは，いきなり「なぜ～。」「どうして～。」と問うと言葉を詰まらせてしまうことがよくあります。そこで，最初の段階では，受容・共感するところから言葉かけをするとよいです。教師が一緒になって成長を喜ぶことが重要です。その上で，「いつ，どこで，だれと」などの言葉かけを行いながら，出来事を具体的にふり返ることができるように支援していくことが大切です。また，子ども同士をつなげる言葉かけは，グループの交流だけではなく，全体の交流でも有効です。

効　果	類　型	教師の言葉かけの例
気付きを自覚し，質を高める。	受容・共感	「なるほど。」「そうだね。」「先生もそう思うよ。」
	称　賛	「すごいところに気が付いたね。」「よくできたね。」
	問い返し	「そのときだれがいたのかな。」 「どうして～できるようになったのかな。」 「どうやって～しのたのかな。」
気付きを生み出し，質を高める。	示唆・助言	「○○をかいたらどうかな。」 「友達と比べてみたらどうかな。」
	ゆさぶり	「本当に～でいいのかな。」
子ども同士をつなぎ，気付きを広げたり，質を高めたりする。	コーディネート	「○○君は，どう思うの。」 「□□さんは，こうしていたよ。」 「○○君は詳しく話していたよ。聞いてみたらどうかな。」 「みんなは，どう思いますか。」など

資料10　教師の言葉かけの例

8 資料

【本時で使用したすごろく　5・6／9時目】

　人とのかかわりを視点にふり返るマスや，心の成長についてふり返るマスを設定しています。このようなマスを設定することで，より深く自分の成長をふり返ることができます。

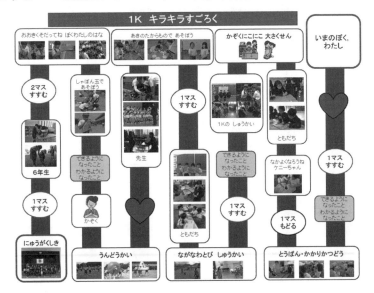

【子どもがかいた成長カード　3～6／9時目】

　自分の成長や周りの人の支えに気付いたことが分かる成長カードです。すごろくで遊んでゴールをしたら，遊んだ中で話したことを絵や文でかきます。また，かいたカードは毎時間，個人のファイルに綴じ，自分のすごろくをつくるときに活用します。

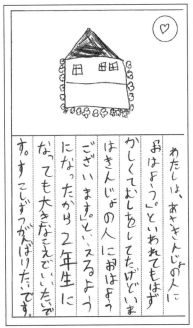
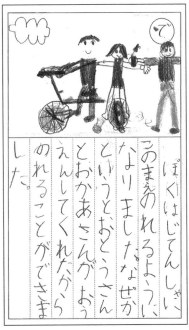

（日永田政士）

| 8 | 音楽科　　第2学年「表現」 |

歌で 気もちを あらわそう

1　音楽科学習における自ら問い続ける子どもの姿

○自分たちの目指す音楽表現に向けての問題を見いだし，思いをもって自分にとって価値の
　ある新しい音楽表現をつくり出す姿　　　　　　　　　　　　　　　　　　（学びの主体化）
○友達と話し合って一つの音楽をつくり上げたり，表現の工夫を聴き合って，互いの表現の
　よさを認め合ったりする姿　　　　　　　　　　　　　　　　　　　　　　（学びの協働化）
○思いや意図をもち，試行錯誤しながら表現をつくっていく喜びや自分たちの表現の高まり
　を実感しながら，豊かな音楽表現をつくり出そうとする姿　　　　　　　　（学びの深化）

2　本単元が生まれるまで

　2年生は，登場する人物や動物になりきって歌うことが好きです。しかし，歌詞から情
景を思い浮かべて，気持ちを想像して歌うことに課題があります。それは，歌詞の情景と
経験が結び付かないことに原因があります。よって，2年生の子どもが，歌詞の表す情景
や気持ちを想像して歌うことができるようにするためには，歌詞の情景と経験が結び付く
ようにすることが大切です。そこで，音楽の学習だけでなく，朝や帰りの活動，運動会な
どの行事や学級での集会を活用し，歌詞の情景と経験を結び付けていきます。本単元では，
1年間をふり返ることのできる3学期に，「2B最後の集会を開いて，歌いながら2Bの
思い出をふり返る」という学級活動と結び付けて，2Bで過ごした楽しかった思い出やそ
のときの気持ちを歌で表すことができるようにします。
　このことは，生活の中に音楽を生かしていこうとする態度や，音楽に主体的にかかわろ
うとする態度を育て，豊かな生活を育んでいく上で，大変意義があります。

3　単元の目標

〈音楽への関心・意欲・態度〉

○歌詞の表す情景や気持ちを思い浮かべて歌うことの楽しさを感じ取り，進んで学習に取
　り組もうとする。

〈音楽表現の創意工夫〉

○歌詞の表す情景や気持ちを想像して，声の出し方，速さや強弱等の工夫について思いを
　もつことができる。

〈音楽表現の技能〉

○歌詞の表す情景を想像しながら，声の出し方に気を付けて，楽曲の気分に合った表現で
　歌うことができる。

66　Ⅱ　実践編

4 単元展開 (総時間数 7時間)

	主な学習活動	指導上の留意点	重視する評価の規準と観点
問いをもつ・見通す	1 2Bの思い出をふり返り，本単元を設定する。 〔1〕	○2Bの思い出をふり返ることができるように，1年間の学習や行事の写真などを提示する。 ○「2B思い出集会」で歌う曲を選曲することができるように，楽曲を聴き比べたり，歌ったりする場を設定する。	○歌詞の表す様子や曲想に興味・関心をもち，進んで学習に取り組もうとしている。 (音楽への関心・意欲・態度)
	〈単元を貫く問い（学習問題）〉 「2B思い出しゅう会」で歌うきょくをどのように歌えば，2Bですごした楽しかった思い出やそのときの気もちを表すことができるだろう。		
挑む	2 楽曲の感じに合う歌い方を考えながら歌う。 〔5〕		
	〈問い〉「かんげい遠足」や「運動会」の思い出やそのときの気もちをあらわすためには，どのような歌い方をすればよいだろう。		
	(1) 楽曲「さんぽ」「ゴーゴーゴー」の歌い方を工夫する。 (1／5～2／5)	○表現したい思いを可視化することができるように，ふり返りでまとめてきた，絵や文を掲示する。	○歌詞の表す様子や気持ちを想像し，歌い方の工夫について思いをもっている。 (音楽表現の創意工夫)
	〈問い〉 「音楽の集い」や「雪遊び集会」の思い出やそのときの気持ちをあらわすためには，どのような歌い方をすればよいだろう。		
	(2) 楽曲「夕やけこやけ」「あわてんぼうのサンタクロース」の歌い方を工夫する。 (3／5～4／5)	○考えを共有することができるように，拡大楽譜をグループごとに配布する。	○歌詞の表す様子や気持ちを想像し，歌い方の工夫について思いをもっている。 (音楽表現の創意工夫)
	〈問い〉 どのように「はるがきた」を歌えば，春のおとずれをよろこぶ気持ちをあらわすことができるだろう。		
	(3) 楽曲「春が来た」の曲の感じに合う歌い方で歌う。 本時(5／5)	○楽曲「春が来た」の問いと答えの部分の歌い方の違いを考えることができるように，既習の楽曲「かくれんぼ」の学習で行った，問いと答えの歌い方の拡大楽譜を提示する。	○歌詞の表す様子や気持ちを想像して，歌い方の工夫について思いをもっている。 (音楽表現の創意工夫)
生かす・広げる	〈問い〉 2Bですごした1年間の楽しかった思い出やそのときの様子をあらわすために，メドレーで歌おう。		
	3 「2B思い出メドレー」を歌う。 〔1〕	○楽曲「さんぽ」「ゴーゴーゴー」「夕やけこやけ」「あわてんぼうのサンタクロース」「はるがきた」の歌い方の工夫を確認することができるように，工夫を書き込んだ拡大楽譜や拡大歌詞を掲示する。 ○本単元をふり返ることができるように，前時の終末に歌ったものと，本時の終末に歌ったものを聴き比べる場を設定する。	○歌詞の表す様子を想像しながら，歌い方を工夫して，気持ちが伝わるように歌うことができる。 (音楽表現の技能)
	〈生活への問い〉 2Bの思い出や1年間の成長を喜ぶ曲をもっと歌いたいな。		

8 音楽科 第2学年「表現」 67

5　単元展開のポイント

(1) 問いをもつ・見通す段階

　歌唱の学習にとって大切なことは，子どもが楽曲に対する興味・関心を抱き，「歌いたい。」という気持ちになるということです。そのためには，問いをもつ・見通す段階において，「みんなで，歌いたい。」「歌い方を工夫していきたい。」という気持ちになるための学習材との出会わせ方の工夫が必要です。そこで，そのための手だてとして，資料1のように，1年間の学習や行事の写真などを提示します。すると，この写真を見た子どもからは，「2B最後の集会を開いて，歌いながら2Bの思い出をふり返りたい。」「行事をふり返ることができる曲を選んで，そのときの様子や気持ちを表せるように歌いたい。」などの発言が聞かれました。そこで，学級活動と結び付けて，「2B思い出集会～歌で思い出をふり返ろう～」を開くことにしました。

資料1　1年間の学習や行事の写真

　次に「2B思い出集会」で歌う曲について決めます。資料2のように，これまでに行事や季節ごとに歌ってきた楽曲を出し合います。そして，その後に，「『2B思い出集会』で，どんな思い出をふり返りたいですか。」と尋ねると，子どもからは「歓迎遠足」「運動会」

○春が来た	○茶つみ
○春の風	○緑のそよ風
○チューリップ	○こいのぼり
○さんぽ	○みかんの花咲く丘
○春の牧場	○どこかで春が
○海	○ゴーゴーゴー
○夏の思い出	○海とお日様
○たなばた	○われは海の子

資料2　子どもたちから出された候補曲の一部

「クリスマス集会」などの意見が出ます。そこで，「『歓迎遠足』のときの，気持ちや様子を表すためには，どの曲を歌うとよさそうですか。」「『歓迎遠足』のどんな様子や気持ちを表したいですか。」などの発問をします。すると，子どもからは，「歓迎遠足は，春に行ったよ。春に歌ったのは，『春が来た』と『さんぽ』だよ。」「でも，遠足に行くときの楽しさや遠足で歩き回った様子を表すためには，『春が来た』よりも『さんぽ』の方が，楽しく歩いている感じがしていいね。」などの発言が聞かれました。同様に，他の行事などにぴったりの曲や気持ちについても出し合っていきます。このように，子どもの経験を思い起こすようにしながら，考えを出し合うようにすると，「自分の思いを歌で表したい。」という思いが高まり，「『2B思い出集会』で歌う曲をどのように歌えば，2Bで過ごした楽しかった思い出やそのときの気持ちを表すことができるだろう。」という問いが生まれます。その問いを基に，「2B思い出集会」で歌いたい楽曲を決め，試しの歌唱をします。この歌唱は，7／7時目に活用するために，ICレコーダー等で録音しておきます。

68　Ⅱ　実践編

> **問いをもつ・見通す段階におけるポイント**　〔1／7時目〕
>
> **①生活の中で音楽に親しもう。**
>
> 　1年間の学習や行事の写真を提示すると，子どもたちが経験をふり返るとは思いますが，そこに必ずしも音楽を結び付けるとはかぎりません。学校行事，委員会による放送，学級の今月の歌など，生活の中でも音楽とふれ合う機会があることで，それぞれの経験と音楽が結び付き，学習への意欲が高まります。
>
> **②行事や季節ごとの楽曲を選曲しよう。**
>
> 　本単元で子どもが，1年間の行事や季節にぴったりの楽曲を選曲することができるようにするには，年間を通して以下の四つの視点で教師が楽曲を選曲し，歌い貯めていくことが大切です。
>
> | |
> |---|
> | ・リズムや拍を感じ取りやすいもの　　・歌詞の内容から身近な生活が想起できるもの
・子どもの能力に適しているもの　　　・楽曲のもつ特徴が学習内容に適しているもの |

(2) 挑む段階

　問いをもつ・見通す段階において，子どもは，「『2B思い出集会』で歌う曲をどのように歌えば，2Bですごした楽しかった思い出やそのときの気持ちを表すことができるだろう。」という問いをもっていました。挑む段階は，子どもが自分の思いを表現し，高めることができるようにするために自分と友達と考えを交流する段階です。

　歌い方の工夫を考える3／7〜5／7時目では，思考の可視化を行えるように，拡大楽譜や拡大歌詞などを準備したり，「音楽のもと」つまり「音楽を形づくっている要素」をプレートにしたものを掲示したりしました。すると，歓迎遠足の経験を表すための楽曲「さんぽ」では，「『歩くの大好き，どんどん行こう』の部分は，遠足に行く楽しい感じで元気よく歌うために，強く歌う。」などの工夫が見られました。そこで，工夫ができたことに対して「歌詞からその様子を思い浮かべて，強弱を工夫することができましたね。」とよさを認めた後，「2B思い出集会では，1年間をふり返りますが，1年間をふり返るためにさらに工夫できるところはありませんか。」と問いかけます。すると，「1年間の思い出だから曲と曲を歌や台詞でつなげて歌った方がいいと思う。」「1年間の最後に，今の気持ちも入れたらいいと思う。」という思いが高まり，それぞれの楽曲を繋ぐ楽曲「思い出のアルバム」，現在の様子や気持ちを表す楽曲として楽曲「春がきた」を追加するという考えに発展したのです。

> **挑む段階におけるポイント**
>
> **①表現したい思いを目に見えるようにしよう。**〔2／7時目〕
>
> 　単元の見通しをもったら，すぐに楽曲の歌い方についての学習に入りがちです。しかし，それでは，音程に気をつけて歌うという技能に片寄った学習になりかねません。歌い方を工夫するためには，歌詞の表す気持ちを思い浮かべることが大切です。そこで，行事や学習ごとの写真や子どもの書いた絵日記を掲示します。そうすることで，歌詞の表す情景と自分の経験とが結び付き，歌い方の工夫に生かすことができます。

8　音楽科　第2学年「表現」　69

②グループごとに拡大歌詞や拡大楽譜を準備しよう。
〔4／7時目〕

　楽曲に対する思いや考えは，言葉に出したり，文字で記したりすることによって，初めて知ることができます。そこで，資料3のように全体やグループごとに拡大歌詞を準備し，自分たちの考えや思い，工夫の具体的な内容を記入する活動を設けます。そうすることで，歌詞の表す情景や気持ちを想像して，声の出し方，速さや強弱等の工夫について考えをもつことにつながります。

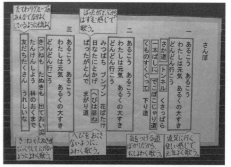

資料3　工夫の内容を記入した拡大歌詞

(3) 生かす・広げる段階

　本単元のゴールは「2B思い出集会」において，2Bで過ごした1年間の楽しい思い出や1年間の成長の喜びを表すことです。そのために，気持ちや様子を表すための楽曲を自分たちで考えて選んだり，どのように歌えば，楽しかった思い出やそのときの気持ちを表すことができたりするかを，友達と交流しながら，歌い方を工夫してきました。このときの子どもたちは，「工夫してきた曲をつなげて，早く歌いたい。」という気持ちになっているでしょう。そこで，生かす・広げる段階では，友達と考えを交流して高めてきた思いを基に，自分たちの歌い方の工夫を発表する場を設定します。

　子どもは，楽曲「さんぽ」「ゴーゴーゴー」「夕やけこやけ」「あわてんぼうのサンタクロース」「春が来た」の楽曲と楽曲の間を「思い出のアルバム」でつなぎながら，メドレーにして歌いました。その後，録音機器を活用してメドレーにしたものとそうでないものを聴き比べると，子どもからは「速さや強弱を工夫することができていて，それぞれの思い出を表すことができていたし，歌うことで楽しかったことがよみがえってきました。もう1回，もどりたいな。」などの発言が聞かれ，自分たちの歌い方の工夫のよさや，歌に対する思いをもち続けてきた自分たちに気付くことができました。

資料4　録音を聴いて歌い方を確認している様子】

生かす・広げる段階におけるポイント

○録音機器を活用しよう。

　音楽は時間とともに流れていくため，自分の演奏を聴き返すことができません。また，歌うことと聴くことを同時に行うことは，2年生段階では，とても難しいことです。そこで，録音機器を活用します。すると，聴き比べることができるようになり，自分の歌い方の工夫のよさを感じて，学級で取り組んでいる今月の歌などでも「もっと歌い方を工夫して歌おう。」という思いを高めることができます。

6 本時の展開 （7時間扱いの6時間目）

(1) 主眼
楽曲「春が来た」の問いかけの部分とそれに答える部分に分かれて歌ったり，曲の山の部分に向けて歌い方を強くしたり，弱くしたりして歌ったものを録音して聴いたり，改善したりする活動を通して，表現形態や強弱を工夫することのよさに気付き，新しい季節の訪れを喜ぶ気持ちを表現することができるようにする。

(2) 準備
1年間の思い出の写真，拡大楽譜，拡大歌詞，範唱CD

(3) 展開

学習活動と子どもの意識	指導上の留意点（○）と評価（※）
1　本時の学習のめあてをつかむ。 　強弱を変えると，春の訪れを喜ぶ気持ちを表すことができそうだ。 	○楽曲「春が来た」の工夫の視点についての見通しをもつことができるように，これまでの学習で見つけた「音楽のもと」と前時の歌声を提示する。 ○楽曲「春が来た」の問いと答えの部分の歌い方の違いを考えることができるようにするために，既習の楽曲「かくれんぼ」の学習で行った，問いと答えの歌い方の拡大楽譜を提示する。
春の訪れを喜ぶ気もちを表すことができるように，問いと答えの歌い方や強弱をどのように変えればよいだろう。	
2　歌詞の表す情景を想像し，問いと答えの歌い方を工夫して歌う。 　問いの部分は，人に尋ねているところだから優しく歌って，答えの部分は，強く歌うと，気持ちがもっと伝わると思うよ。 　歌ってみて思ったけど，後半は，全部強くしっかりと歌うのではなくて，少しずつ強くしていくとよいと思うよ。	○「問い」と「答え」の部分で分かれて歌うよさを感じ取ることができるようにするために，全員で歌ったときと問いと答えの部分で分かれて歌ったときを聴き比べる活動を設定する。 ○工夫を共有することができるようにするために，拡大歌詞や拡大楽譜を準備する。 ○歌声を確かめることができるように，録音機器を準備する。
3　前半部分と後半部分の強弱を工夫する。 　私たちは，「はやく春が来てほしいな」という気持ちを表したくて「山にきた，さとにきた，野にも来た」の歌詞をしっかりと歌うようにしました。 　強弱と速さの両方を工夫すると，最後の「来た」の歌詞の，春が来た喜びがより伝わってよいなと思いました。	○工夫することのよさに気付くことができるように，本時の強弱だけでなく，前時の音色や速度を，自分たちの気持ちに合わせて工夫して歌う場を設定する。 ※自分たちの思いが伝わるように歌い方や強弱を工夫して歌っている。
4　本時の学習をふり返り，次時の学習について話し合う。 　工夫する前は，どの部分も同じ感じだったけど，終わりの部分に向かってだんだん速さをゆっくりしていくなどの工夫をして，春がくる喜びと成長の喜びを表すことができました。	○次時への問いをもつことができるように，これまで別々に歌ってきた，「さんぽ」「ゴーゴーゴー」「夕やけこやけ」「あわてんぼうのサンタクロース」をつなげて，メドレーで歌う活動を設定する。
〈次時への問い〉 2Bで過ごした1年間の楽しい思い出やそのときの様子を表すためにメドレーで歌おう。	

7　本時の展開のポイント

○「問い」「答え」の歌い方を工夫する活動

　歌い方を工夫する前に，歌詞を音読したり，朗読したりする活動を行います。それは，楽曲の情景を想像するときに，その楽曲の歌詞が，一番の手がかりになるからです。そうすることで，楽曲「春が来た」の歌詞には，資料5のように，「問い」と「答え」の部分があり，それを視点に，歌い方を工夫していくことが期待できます。子どもは，「『春が来た』の部分は，だれかが質問している様子で，『山に来た』の部分が教えている様子。」「質問する人と答えている人がいるから，二つの部分は，歌い方を変えるといい。」という発言が聞かれました。また，資料6のイラストのような，春の山・さと・野の写真を掲示します。それは，子どもたちが，さとや野を身近に感じておらず，想像することができないからです。そうすることで，山・さと・野について想像し，歌い方の工夫につながることが期待できます。子どもは，「山が一番遠くて次にさとで，野が一番近いから，春がだんだんと近づいてきている様子が想像できます。」「だんだん春が近づい

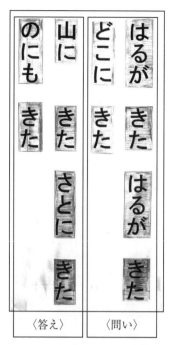

資料5　楽曲「春が来た」の問いと答えの部分

てきているように，歌い方を工夫したいです。」という発言が聞かれました。「問い」と「答え」という視点で考えることで，工夫をする部分に気付き，資料7のように，「音楽のもと」と結び付けて，具体的な歌い方の工夫につながりました。

資料6　山・さと・野のイメージ（実際の授業では写真を提示）

強弱に目を向けた発言	問いが<u>弱くて</u>答えが<u>強い</u>方がよいです。なぜなら，どこに来たかをしっかりと教えてあげるからです。
速度に目を向けた発言	問いをゆっくり歌ったらよいです。なぜなら「どこに来たのかな。」と考えながら尋ねると<u>ゆっくり</u>になるからです。 答えは<u>少し速く</u>歌ったらよいです。なぜなら「山だけでなく，里にも野にも春が来ているよ。」と伝えたくてしょうがない感じがするからです。
音色（歌声）に目を向けた発言	「どこに来た」の部分は，<u>優しい声</u>で，答える部分は，<u>しっかりとした声</u>で言うといいです。なぜなら，人に尋ねる言い方は<u>優しい</u>言い方の方がいいし，答えてあげる人は，分かるように<u>しっかり</u>と伝える方がいいからです。

資料7　「音楽のもと」に目を向けた発言

8 資料

【「音楽のもと」の説明に用いる掲示物　2／7時目】

　「音楽のもと」つまり「音楽を形づくっている要素」は，歌唱や器楽，音楽づくりなどの表現活動だけでなく，鑑賞の活動においても重要な手がかりとなるものです。しかし，2年生が，「音楽のもと」の「問いと答え」を理解することは難しいことです。そこで，音楽用語集などの解説を基に，やまびこやかくれんぼ，合いの手などの日常生活と結び付けた例を示した掲示物を準備します。そうすることで，「音楽のもと」と経験を結び付けて「問いと答え」を理解することができます。

問いと答えとは（ある音や旋律に対して，もう一方の音や旋律が互いに呼応する関係のもの）			
型	問い	答え	説明
やまびこ型	ヤッホー	ヤッホー	問いと答えが同じもの
かくれんぼ型	もう，いいかい。	まだだよ。	問いと答えが違うもの
合いの手型	ヤーレンソーラン，ソーランソーラン，ソーランソーラン，	ハイ　ハイ	長い問いに対して，短い答えを入れるもの

【音楽科室に掲示している「音楽のもと」　4／7時目】

　「音楽のもと」は，歌い方を工夫する手がかりとなります。そこで，「音楽のもと」をプレートにしたものを準備しておき，子どもの発言に応じて，黒板に貼っていきます。そうすることで，「音楽のもと」を意識した学習を行うことができます。

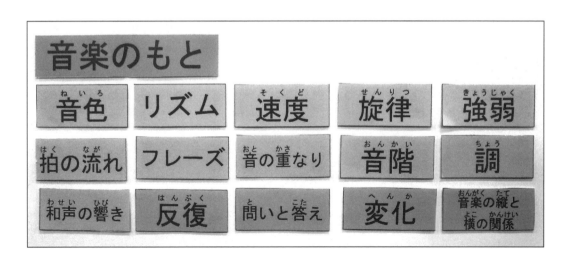

（藤野　剛）

9　図画工作科　　第2学年「工作」

たこを つくろう

1　図画工作科学習における自ら問い続ける子どもの姿

○対象との出会いによって表現や鑑賞への意欲を高め，表したいことを徐々に明確にしながら造形活動に没頭する姿　　　　　　　　　　　　　　　　　　　　　　　　　（学びの主体化）
○他者とかかわり，異なる発想や表し方のよさや面白さに気付き，取り入れながら造形活動に取り組む姿　　　　　　　　　　　　　　　　　　　　　　　　　　　　　　（学びの協働化）
○発想や構想，技能の高まりを感じながら，自分の納得がいく造形物をつくり出す姿
　　　　　　　　　　　　　　　　　　　　　　　　　　　　　　　　　　　　　（学びの深化）

2　本単元が生まれるまで

　2年生は，学校生活にも慣れて，友達とのかかわりの中で学校生活を楽しめるようになります。また，活動範囲が広がり，全身を使った動きや手先を器用に使った遊びを工夫するようになります。図画工作科の学習でも，はさみやカッターナイフなどの道具の持ち方が身に付くことから，自分の思いを形や色でさらに表現したいという欲求が高まってきます。
　そこで，「自分の凧をつくって友達と一緒に遊んで楽しむ」という本単元を行います。
　凧づくりのよさは，自分の思いに合った形や色で創造的につくることができることや，紙と竹を使って簡単につくることができることなどです。
　子どもが，自分の資質や能力を十分に発揮することができ，つくり出す喜びを味わう上で大変意義があります。

3　単元の目標

〈造形への関心・意欲・態度〉
○自分の凧をつくって遊ぶことを楽しもうとする。
〈発想・構想の能力〉
○凧の仕組みを基に，つくりたい凧の形や色を思い付くことができる。
〈創造的な技能〉
○竹ひごで骨組みをつくったり和紙に貼ったりするなどの表し方を工夫して，つくりたい凧の形をつくることができる。
○つくりたい凧のイメージに合わせて，墨や食紅絵の具を使った表し方を工夫して，彩色することができる。
〈鑑賞の能力〉
○自他が表した形や色の面白さ，材料の感じなどに気付くことができる。

74　Ⅱ　実践編

4 単元展開（総時間数 6時間）

	主な学習活動	指導上の留意点	重視する評価の規準と観点
問いをもつ・見通す	1 「郷土凧」を鑑賞し，学習問題を設定する。〔1〕	○凧をつくって遊ぶという単元をつくることができるように，「郷土凧」を見て凧の形や色，仕組みなどの造形的な視点に着目して話し合う活動を設定する。	○凧をつくって遊ぶことを楽しもうとしている。 （造形への関心・意欲・態度）

〈単元を貫く問い（学習問題）〉
「きょうどだこ」は色や形がきれいだね。また，セミやフクロウなどいろいろな生き物の絵がかいてあるよ。自分の好きな絵をかいて自分だけのたこをつくりたいな。

〈問い〉「きょうどだこ」のようにおもしろいたこをつくりたいな。自分の好きなものが空をとんだらおもしろそうだな。

	主な学習活動	指導上の留意点	重視する評価の規準と観点
挑む	2 つくりたい凧の形や色について考える。〔1〕	○つくりたい凧を思い付くことができるように，「空に揚がったら面白いもの」「自分の好きなもの」などについて話し合いながら，思い付くままに絵に表す活動を設定する。	○凧の仕組みを基に，つくりたい凧の形や色を思い付いている。 （発想・構想の能力）

〈問い〉「きょうどだこ」は紙のうらに細い竹が十字にはってあるね。「ミニだこ」と「きょうどだこ」には細長いしっぽのような紙がついているところが同じだね。どうすればたこの形ができるのかな。

	主な学習活動	指導上の留意点	重視する評価の規準と観点
挑む	3 凧の形をつくる。〔1〕 (1)「郷土凧」を参考に凧の構造について考える。 (2) 竹で骨組みをつくり和紙に貼る。	○つくりたい凧の形をつくることができるように，「きょうどだこ」を見ながら凧の構造について話し合う活動を設定する。 ○つくりたい凧の形をつくることができるように，「きょうどだこ」を参考にして凧の形をつくる活動を設定する。	○凧の仕組みを基に，竹ひごを組んだり和紙を貼ったりして，つくりたい凧の形をつくっている。 （創造的な技能）

〈問い〉たこの形ができたね。空にあがったときによく見えるようにたこに好きなものの絵をかきたいな。

	主な学習活動	指導上の留意点	重視する評価の規準と観点
	4 凧に絵をかく。〔2〕 (1) 墨でかく。（1／2）	○食紅絵の具の彩色の仕方を工夫することができるように，参考作品を基に，食紅絵の具による彩色の工夫について話し合う活動を設定する。	○つくりたい凧のイメージに合わせて，墨による彩色の仕方を工夫して凧をつくっている。 （創造的な技能）

〈問い〉すみで黒色の線をかくと自分の表したいものをはっきりとかくことができたね。しょくべに絵のぐの色の付け方を工夫してたこに絵をかきたいな。

	主な学習活動	指導上の留意点	重視する評価の規準と観点
	(2) 食紅絵の具で彩色する。　　本時（1／2）	○墨による彩色の仕方を工夫することができるように，参考作品を基に，表し方の工夫について話し合う活動を設定する。	○つくりたい凧のイメージに合わせて，食紅絵の具による彩色の仕方を工夫して凧をつくっている。 （創造的な技能）

〈問い〉友だちはどんなたこをつくったのかな。友だちの作品のよさを見つけて，自分の表げんに生かしたいな。

	主な学習活動	指導上の留意点	重視する評価の規準と観点
生かす・広げる	5 自他の作品を見て，表し方の面白さなどについて伝え合う。〔1〕	○表現のよさや面白さを感じ取ることができるように，自他の作品を鑑賞し，見つけたよさや面白さについて伝え合う活動を設定する。	○自他が表した形や色の面白さ，材料の感じなどに気付いている。 （鑑賞の能力）

〈生活への問い〉つくったたこをあげてみんなで楽しくあそびたいな。

9 図画工作科 第2学年「工作」 75

5　単元展開のポイント

(1) 問いをもつ・見通す段階

　子どもが「紙と竹でつくられた凧を見たり触ったりしてみたい。」「自分の凧をつくりたい。」という表現や鑑賞への意欲を高めることができるように，資料1のように，ミニ凧で遊ぶ活動を設定します。ミニ凧は，本単元の凧づくりで参考にする「モンパ凧」を小さくしたものです。

資料1　ミニ凧で遊ぶ子ども

　ミニ凧で遊んだ後は，様々な形の郷土凧（まごじ凧）を鑑賞する活動を設定します。郷土凧は，蝉や干支など，生き物をモチーフにしたものが多く，子どもにとって親しみやすいものといえます。また，竹ひごの骨組みや和紙に食紅で色鮮やかに彩色しているところが特徴で，造形的なよさや面白さを感じ取りやすいところも2年生の子どもにとって取り扱うのに適しています。

　子どもたちは，資料2のように，「これはフクロウが羽を広げたところだと思う。」「他にも犬や猿，蝉など，いろいろな生き物の形があって楽しい感じがする。」「本物のようにかくのではなく，見ている人が

資料2　まごじ凧を鑑賞する子ども

『面白いな。これは何だろう。』と思うように楽しい絵をかいている。」などのように，郷土凧を見たり触ったりして感じたことや，形や色などの面白さについて友達と伝え合いながら鑑賞します。

　このような活動を通して，見たり触ったりするなど体全体の感覚を働かせながら造形的な対象とかかわることで，「自分の好きな絵をかいて凧をつくり，みんなで凧揚げをして遊びたい。」という思いをもつことができます。

問いをもつ・見通す段階におけるポイント　〔1／6時目〕

①ミニ凧や郷土凧は，いつでも見ることができるように，教室に掲示しておこう。
　　子どもが自由に凧を見たり触ったり遊んだりすることができるように，コーナーをつくって教室に置いておくと学習への意欲を高めることができます。
②体全体で対象とかかわる鑑賞活動を設定しよう。
　　子どもが「自分の好きな絵をかいて凧をつくり，みんなで凧揚げをして遊びたいな。」という思いをもつことができるように，見たり触ったり遊んだりして体全体で対象にかかわることで，楽しみながら鑑賞する活動を設定します。

(2) 挑む段階

　問いをもつ・見通す段階において，子どもは，「どうすれば，きれいな形や色の凧をつくることができるのかな。」という問いをもっていました。そこで，挑む段階では，つくりたい凧を思い付き，それを形や色に表すことができるように，形や色，構造などの造形的な視点に着目して話し合う活動の場を設定します。

　資料3は，「空に揚がる凧をつくるためには，どのような骨組みや和紙の貼り方にすればよいのか。」という共通の課題について，竹ひごによる骨組みの仕方や和紙の貼り方などの仕組みについて気付いたことを発表している様子です。「モンパ凧は竹がクロスしているけど，蟬凧は丸く曲がっているよ。」「凧に長いしっぽがついている。」「ぼくは，カブトムシの形にして，羽を広げたところをひらひらさせたいから，十字に竹ひごを貼ろうかな。」というように，自分のつくりたい凧の形を考えることができました。

資料3　凧の構造について発表する子ども

　また，資料4は，「きれいな色をつけるためにどうすればよいのだろう。」という問いに対して，友達と話し合い，自分の色づくりをして，表し方を見いだした様子です。

　彩色材料には，墨と食紅絵の具を使用します。食紅絵の具とは，市販の食紅に水を混ぜたものです。墨や食紅絵の具は，和紙に彩色するのに適しており，郷土凧にも使用されています。そのような彩色

資料4　食紅絵の具で彩色する子ども

材料を使って，子どもが自分の思いに合う表し方を見つけることができるように，色の感じを確かめるための試し紙を用意したり，自分の色をつくることができるように，混色のための容器を準備したりしておきます。

　すると，「赤と黄を交互に垂らすと色が混ざっていくよ。」「勢いよく筆を動かしてかいたら，かすれた感じになったよ。」「はっきりとした絵にするために色をつけるところとつけないところが必要だね。」というように，墨や食紅絵の具を使った表し方を見いだし，彩色の仕方を工夫して表すことができます。

> **挑む段階におけるポイント**
> ○どんな凧をつくりたいか，構想を練る時間を設けよう。〔2／6時目〕
> 　通常は，子どもが単元の見通しをもったら，教師が材料や用具を準備し，つくる手順を示すなどしてすぐにつくり始めるでしょう。しかし，それでは子どもの主体的な学びにはなりません。そこで，子ども一人一人が「どのような凧をつくりたいか。」「そのために，どんな材料が必要なのか。」「どうすれば凧の形をつくることができるのか。」と問いが連続していくように，友達とアイデアを出し合いながら構想を練る時間を設けます。例えば，「空にどんなものが飛んだら面白いか。」についてグループで話し合います。そうすることで，「魚が空の海を泳ぐと楽しいかな。」「自分が空を飛んでいるようにしたら面白いよね。」というように，「何でも自由に空を飛ぶことができる。」と発想の転換をして，楽しくつくりたいもののイメージを広げることができます。

(3) 生かす・広げる段階

　挑む段階では，子どもは，試行錯誤しながら材料を組み合わせたり，色をつけたりしながら，「もっと作品をよくしたい。」という思いをもっていました。つくり終わった後も「次は，連凧をつくりたいな。」などと凧づくりへの意欲がさらに高まっていました。そこで，自他の表現のよさや面白さを味わうことができるように鑑賞の活動を設定します。子どもは，友達のつくった凧を見ながら「いろいろな形や色の凧があって面白いな。」「凧を組み合わせたりつなげたりして飛ばしたいな。」などと，感じたことを伝え合いながら鑑賞することができます。

資料5　凧揚げをする子ども

　また，単元の終わりには，つくった凧を持ち寄って，みんなで運動場で凧揚げをして遊びます。空に揚がった凧を見ることで，太陽の光に透けて見える食紅絵の具の色の感じ，冬の北風を受けて空に舞う凧の動きなどを味わうこともできました。

> **生かす・広げる段階におけるポイント**　〔6／6時目〕
> ○鑑賞の活動を工夫しよう。
> 　子どもは常に表現と鑑賞を繰り返しています。つくった作品を並べて，鑑賞カードに見つけた形や色などのよさを書いて伝え合う鑑賞の活動も大切ですが，教室や図工室から出て，作品を鑑賞するのもよいでしょう。風や空気，光と影，空間など，体全体で作品を感じ取ることは，感性を働かせながらつくり出す喜びを味わうことにつながっていきます。

6 本時の展開（6時間扱いの5時間目）

(1) 主 眼

参考作品を基に，食紅絵の具による表し方の工夫について話し合う活動や，自分の色をつくりながら食紅絵の具で彩色して凧をつくる活動を通して，つくりたい凧のイメージに合わせて，好きな色の食紅絵の具で彩色することができるようにする。

(2) 準 備

学びのあしあと，子どもの作品，まごじ凧，食紅絵の具，隈取り筆，面相筆

(3) 展 開

学習活動と子どもの意識	指導上の留意点（○）と評価（※）
1　前時を想起し，本時のめあてを確認する。 　前の時間は，墨で凧に絵をかきました。今日は食紅絵の具で色をつけたいです。	○墨でかいた線に加え，食紅絵の具で彩色するという活動の見通しをもつことができるように，学びのあしあとを活用して本時の活動について話し合う活動を設定する。
しょくべに絵のぐの色のつけ方を工夫して，たこに色をつけよう。	
2　参考作品を見て彩色の工夫について話し合う。	○表し方を工夫して彩色することができるように，参考作品を基に，食紅絵の具の彩色の仕方について考える活動を設定する。
まごじ凧を見て見つけた彩色の工夫 色をつけるところとつけないところを考えているね。顔を白にすることで，かきたいものがはっきりとしているね。　太い線と細い線でかいているところがいいね。細い線でかくと細かい模様もできるね。　赤・青・黄・緑の食紅絵の具で色をつけているね。青は，濃い青と薄い青があるね。	
3　つくりたい凧のイメージに合うように，食紅絵の具の彩色の仕方を工夫して表す。	○表し方を工夫して表すことができるように，パレットコーナーに参考作品を掲示する。
予想される造形表現例 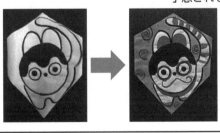　まごじ凧の色のつけ方を見て，動物は色を塗らずに白色で表すことにしました。まわりには水色を塗っているから，動物の形がはっきりとしたのでよかったです。	
4　本時活動での気付きや考えを交流する。 　凧に色をつけて完成しました。早く，みんなで凧揚げをして遊びたいです。	※つくりたい凧のイメージに合わせて好きな色の食紅絵の具を選び，彩色の仕方を工夫して表している。 ○自分の考えや感じたことを具体的に表現できるように，自他の作品を見ながら話し合う，ふり返りの活動を設定する。

7　本時の展開のポイント

○彩色の仕方について話し合う活動の設定

　子どもが，食紅絵の具による彩色の工夫ができるように，資料6のように，参考作品を見ながら色づかいや筆づかいについて話し合う時間を設けます。提示する参考作品には，食紅絵の具の「いろいろな色」を視点としてとらえることができるような作品を選びます。また，食紅絵の具の色見本や筆の種類によって表した線などの表現の違いが分かる資料も図画工作科室内に掲示しておきます。そうすることで，子どもが，自分の表したいものに合わせてどのように表せばよいかを考える際の参考になります。

資料6　参考作品

○自分の色をつくりながら彩色する場の工夫

　資料7のように，子どもが表現の途中に，いつでも友達の作品を見て，見つけた表し方の工夫について試しながら彩色することができるような活動の場をつくります。

　その際，黒板に掲示した参考作品，材料コーナー，学級全体の友達の活動の様子などが見えるように机を配置します。

　また，グループの友達と互いに気持ちよく材料や用具を使えるように，「使った後の筆は，別の色の容器に入れない。」「色を混ぜるときは，新しい容器でつくる。」など使い方の約束をします。色を混ぜて新しい色をつくったり，水の加減をしたりしながら，自分が表したい色をつくって彩色するためには，新しい容器や筆，試し紙などを十分に準備しておくことが大切です。

資料7　活動の場の設定

8 資料

【子どもの作品と単元全体のふり返り　6／6時目】

まごじだこをはじめて見たとき、いろいろなどうぶつがいておもしろいと思いました。とくにひつじの絵は白だけではなくカラフルにしているので、みんなとちがう自分だけの絵だと思いました。わたしは、まごじだこのように、自分だけのたこを作りたいと思い、フクロウのたこを作ることにしました。とくにくふうしたところは、食べに絵のぐで色をつけるところです。はっきりとした色で、空にあがったときにめだつようにかきました。　Ａさんの作ひんを見て、クマノミの色のつかいかたがよいと思ったので、わたしのたこにとり入れました。かんせいして、かざったときは、自分のも友だちのもきれいだなと思いました。空にあがったときは自分もとんでいるみたいにうれしかったです。食べに絵のぐの色がはっきりとして、きらきら光っているように見えました。

（松尾暁子）

10 家庭科　第5学年「日常の食事と調理の基礎」

つくろう　わが家のみそ汁
～だしの役割を調べよう～

1　家庭科学習における自ら問い続ける子どもの姿

○生活の中から問題を見いだし，設定した課題の解決過程を構想して課題解決に没頭し，問いを解決すると同時に，次の学習へ問いを連続させ，さらなる興味や疑問をもって取り組んでいる姿
（学びの主体化）
○生活課題のよりよい解決方法を求めて，他者とかかわり合いながら実践したり，意見を共有して考えを深めたりしている姿
（学びの協働化）
○課題を解決するための実践結果を基に，学び合いによって見いだした改善策を活用して，よりよい生活をつくり出そうと工夫する姿
（学びの深化）

2　本単元が生まれるまで

　5年生は，はじめて家庭科の学習が始まり，身近な物を使って生活に役立つ物を製作したり，調理をしたりすることに，関心が高まる学年です。また，学校で学習したことを家庭で実践し，家族を喜ばせたいという思いをもっています。伝統的な日常食のみそ汁は，子どもにとって，日頃よく口にする料理で，家族の好みや栄養を考えて材料の組み合わせを考えたり，工夫したりして調理をすることができます。そこで，単元名を「つくろうわが家のみそ汁」としました。この学習を通して，和食の基本であるだしのとり方やだしの役割を理解し，日本の伝統食であるみそ汁を調理することができるようにします。このことは，生涯にわたって健康で快適な生活を送ることができるようになる上で，大変意義があります。

3　単元の目標

〈家庭生活への関心・意欲・態度〉
○日本の伝統食であるみそ汁に関心をもち，調理しようとする。
〈生活を創意工夫する能力〉
○みそ汁の調理の仕方や組み合わせる材料について考えたり，自分なりに工夫したりすることができる。
〈生活の技能〉
○調理用具や加熱機器を安全・衛生的に取り扱い，みそ汁の調理ができる。
〈家庭生活についての知識・理解〉
○みそ汁の調理の仕方やだしの役割を理解する。

4 単元展開（総時間数 6時間＋課外）

	主な学習活動	指導上の留意点	重視する評価の規準と観点
問いをもつ・見通す	家庭で献立調べをする。[課外]	○子どもは，前時までにご飯を調理することができるようになっている。そこで，ご飯に合う料理について考えることができるように，家庭の献立調べをする活動を設定する。	○日常の食事に関心をもち，献立を調べている。（家庭生活への関心・意欲・態度）
	1 調べたことを出し合い，みそ汁を試食して，話し合う。〔1〕	○わが家のみそ汁の特徴をつかむことができるように，サンプルのみそ汁を試食して，家庭のみそ汁との違いを話し合う場を設定する。	○日本の伝統食であるみそ汁に関心をもっている。（家庭生活への関心・意欲・態度）
	〈単元を貫く問い（学習問題）〉 わが家の味のみそ汁をつくるには，どのような工夫をすればよいのだろう。		
	家庭のみそ，だし，実，みそ汁の調理の仕方について調べる。[課外]		○みそ汁の調理や材料に関心をもち，調べている。（家庭生活への関心・意欲・態度）
	〈問い〉みそ汁は，どのようにつくるのだろう。		
	2 調べたことを出し合い，学習計画を立てる。〔1〕	○だしの役割に目を向けることができるように，家庭のみそ汁の調理手順や使っているだしについて話し合う場を設定する。	○みそ汁の調理に関心をもち，調理しようとしている。（家庭生活への関心・意欲・態度）
挑む	3 だし入り，だしなしのみそ汁を試食し，だしの役割について話し合う。 **本時**〔1〕	○だしの役割について実感を伴った理解ができるように，だし入りとだしなしのみそ汁を試食して，観点に沿って話し合う場を設ける。	○だしの役割について理解している。（家庭生活についての知識・理解）
	〈問い〉家族にすすめるみそ汁には，どんな実を入れるとよいだろう。		
	4 実の切り方や入れ方を考えて，みそ汁を調理する。〔2〕	○材料の切り方や調理の手順について考えることができるように，調理時間を20分と設定する。	○学習したことを生かして，みそ汁を調理することができている。（生活の技能）
	〈問い〉学習したことを生かして，家族にすすめるみそ汁をつくるには，どうすればよいだろう。		
生かす・広げる	家庭実践をする。（課外）	○友達に実践を紹介し，課題を見つけ，改善点を出すことができるように，実践レポートに工夫点をまとめる活動を設定する。	○みそ汁の調理に関心をもち，家庭実践をしている。（家庭生活への関心・意欲・態度）
	〈次単元への問い〉友達は，どのようにして，みそ汁をつくったのだろう。		
	5 家庭実践の紹介をし，単元をまとめる。〔1〕	○みそ汁の調理への意欲をさらに高めることができるように，実践したことを交流し，工夫点を交流する場を設ける。	○おいしいみそ汁の調理の仕方について考えたり，工夫したりしている。（生活を創意工夫する能力）
	〈家庭実践への問い〉友達の工夫点を生かしてみそ汁をつくるには，どうすればよいだろう。		

10 家庭科 第5学年「日常の食事と調理の基礎」 *83*

5　単元展開のポイント

(1) 問いをもつ・見通す段階

　家庭科の学習では，家庭生活から課題を見いだし，「どうすればよいのだろう。」「もっとよいものにしたいな。」という思いをもつことが大切です。そのためには，問いをもつ・見通す段階において，みそ汁の調理について目を向けるための手だてが必要です。そこで，そのための手だてとして，資料1のように，家庭の献立調べをする活動を設定します。

資料1　家庭の献立調べ

　次に，調べてきたことを出し合うと，家庭では，ご飯に合わせてよくみそ汁を調理していることに気付きます。そこで，資料2のように，教師がつくったみそ汁を試食します。すると，子どもは，「家のみそ汁と色が違うよ。」「家では，わかめや豆腐が入っているよ。」「先生がつくったみそ汁もおいしいけど，家のみそ汁の方がもっとおいしいよ。」とみそ汁への興味を高め，「家族は，どのようにみそ汁をつくっているのかな。」「どんなみそや実を使っているのかな。」などの，発言が聞かれました。そこで，家庭でみそ汁について調べる活動を設定します。単元の導入時に家庭生活に目を向けることで，子どもは，資料3のように，「わが家の味のみそ汁」の調理方法をつかむとともに，学習の見通しをもつことができます。また，「白みそや赤みそ，合わせみそなど，いろいろなみそを使っているんだね。」「実は，その日によって違っていて，いろいろな材料を入れているよ。」

資料2　みそ汁の試食

資料3　家庭のみそ汁調べ

「だしにも，あごだしや煮干しだし，昆布だしなどがあるよ。」「自分でみそ汁をつくることができるようになりたいな。」とみそ汁の調理への興味を高めることができます。そして，「どの家庭でも，初めにだしをとっているよ。どうしてかな。」と問います。すると，子どもは，「だしをとると，みそ汁がおいしくなるのではないかな。」「だしには，何かいいことがあるのではないかな。」と，だしの役割に意識が向けられます。そして，「だしにはどんな役割があるのだろう。」という新たな問いが生まれます。

問いをもつ・見通す段階におけるポイント　〔1・2／6時目〕

①家庭生活に目を向け，献立調べやみそ汁の調理を観察しよう。

　　家庭科の学習は，家庭生活に目を向けることが大切です。単元の導入前に献立調べをすると，導入時に，みそ汁の調理への関心をもつことができます。また，家庭でのみそ汁の調理の観察を行うと，調理の手順を理解することができ，学習の見通しと，「自分にもできそうだ。」という思いをもつことができ，学習への意欲が高まります。

②子どもの意識をだしの役割に向けよう。

　　本単元の目標は，だしの役割を理解して，みそ汁の調理ができるようになることです。そのためには，「どうして，だしをとるのかな。」などの問いかけをし，子どもが，それまでにもっているだしに対する知識を出し合うことで，「だしについて調べてみたい。」という思いを高めることが大切です。

---

(2) 挑む段階

　　問いをもつ・見通す段階において，子どもは，「だしには，どんな役割があるのだろう。」という問いをもっていました。挑む段階は，だしの役割を理解し，みそ汁の調理をすることができるようにする段階です。そのためのポイントは，次の二つです。

挑む段階におけるポイント

①だしありとだしなしのみそ汁を試食して比べ，だしの役割について話し合おう。〔3／6時目〕

　　だしの役割について，実感を伴った理解をするためには，だしありのみそ汁を試食しただけでは，子どもは，だしのよさに気付くことはできないでしょう。試食して感じたことをそれぞれが出し合っても，話合いがまとまりません。そこで，「どのような視点で試食をすれば，だしのよさが分かるだろう。」と問い，視点を意識して試食することができるようにします。すると，子どもは，「こんな視点で試食をすると，違いが分かり，だしのよさを見つけることができるのではないか。」と考え，だしのよさを見つけるための方法を自分なりに考えようとします。家庭科の学習では，解決方法を子どもたちなりに考え，計画していくことが大切です。教師が，「今日は，○○の視点で比べてみましょう。」と初めから提示するのではなく，子どもが自ら試食するときの視点を考えることで，主体的な学習になります。

②時間の設定をして，みそ汁の調理をしよう。〔5／6時目〕

　　学習したことを生かして，みそ汁を調理する場面です。大切なことは，みそを入れるタイミングや材料の切り方，入れ方を考えて調理をすることです。そこで，導入で行った家庭の献立調べを思い出し，家庭でのみそ汁を調理する時間帯をふり返ると，朝の忙しい時間に短い時間で調理していることが分かります。そこで，調理の時間を20分と設定します。子どもは，これまでのゆでる調理の学習で，固い材料は柔らかい材料より加熱する時間を長くするとよいことや，切る大きさによって加熱時間が変わることを理解しています。20分という限られた時間の中で調理をすることで，子

10　家庭科　第5学年「日常の食事と調理の基礎」　*85*

どもは，「早く材料に火が通るように，大根は薄く切るとよいね。」「固い物から順に入れるとよいね。どの順番で入れようかな。」と，これまでの知識を活用しながら新たな問いをもち，材料の切り方や調理の手順について考え，主体的に実習に取り組んだり，友達と協働して学習したりすることができます。

(3) 生かす・広げる段階

子どもは，「わが家のみそ汁をつくることができるようになりたい。」という思いをもち，家庭のみそ汁について調べ，だしの役割や基本的なみそ汁の調理方法を学習してきました。そこで，生かす・広げる段階では，学習したことを家庭実践で生かし，みそ汁の調理を行います。そして，実践レポートにまとめ，資料4のように，友達に紹介します。このときに大切なのは，実践から課題を見つけ，改善点を見いだすことです。「次は，○○したい。」「今度は，○○するとよいのではないかな。」と，次へつながる問い

資料4　家庭実践の紹介をする

をもたせるのです。家庭科の技能は，繰り返し経験することで定着していきます。問いをもった子どもは，「今度はもっと工夫してわが家のみそ汁をつくりたい。」など，調理への意欲をもつことができます。

生かす・広げる段階におけるポイント　〔6／6時目〕
○実践したことを交流する場をつくろう。
　友達の様々な実践を知ることによって，「自分も友達が使った材料で，みそ汁をつくってみたい。」「もっと，工夫できることがありそうだな。」と，みそ汁の調理への意欲をさらに高めていきます。

6　本時の展開（6時間扱いの3時間目）

(1) 主　眼
だし入りとだしなしのみそ汁のサンプルを試食し，「香り」「色」「味」の視点で話し合う活動を通して，だしの役割について理解することができるようにする。

(2) 準　備
だし入りのみそ汁，だしなしのみそ汁，だしをとる前ととった後の煮干し，ワークシート，だいこんの実のみそ汁

(3) 展　開

学習活動と子どもの意識	指導上の留意点（○）と評価（※）
1　本時学習のめあてを確認する。 　どうして、みそ汁をつくるときに、だしをとるのだろう。だしをとるよさは、何なのだろう。	○だし入りとだしなしのみそ汁の比較ができるように、同量のだしと湯に、同量のみそを溶いておく。
だし入りとだしなしのみそ汁を比べて、だしのよさを見つけよう。	
2　だし入りとだしなしのみそ汁を試食して、だしのよさについて話し合う。 (1)　グループで話し合う。 　同じ量のみそを溶いたとは思えないくらい、だし入りのみそ汁の方が、味が濃く感じるね。 　だしなしのみそ汁は、味がうすくて、なんだかお湯を飲んでいるような感じがするよ。 　だしをとった後の煮干しとだしをとる前の煮干しを試食すると、全然味が違っているよ。にぼしの味がだしに出ているのではないかな。 (2)　全体で話し合う。 　だしをとると、香りがよくなって、食欲が増す気がするよ。 　だしには、材料のうまみが出ていて、みそと合わさると、みそのおいしさが引き出されるのだと思うよ。だしってすごいね。 　だしには、にぼしのおいしさが出ているので、お湯にみそを溶くより、おいしさが増すよ。	○だしのよさを見つけることができるように、何の視点で試食すればよいか話し合う場を設定する。 〈予想される子どもの視点〉 ・色、香り、味、おいしさ ○友達とだしのよさについて考えを共有したり、深めたりすることができるように、ホワイトボードに考えを可視化しながら、「味」「香り」の視点からだしのよさを考える場を設定する。 〈予想される子どもの考え〉 |	だし入り	だしなし
---	---	---
香り	みそとにぼしの香りがまざっている おいしそうないい香り だしなしより香りが強い	みその香り だし入りよりも、香りがしない
色	少し濃い あまり変わらない 変わらない	だし入りよりうすい 変わらない
味	魚とみその味がする 濃い いつも飲んでいるおいしいみそ汁	みそ味 うすい 何かが足りない味	 ○だしには、煮干しのうま味が出ていることを視覚的にとらえることができるように、煮干しを30分水に浸けて煮出したものと水に入れてすぐのものを提示する。
3　本時学習をまとめ、次時のめあてを話し合う。 　だしには、煮干しのうまみがあって、みそのおいしさが増すことが分かりました。家でも、だしをとってみそ汁をつくりたいです。 　大根の味がみそ汁に出ていて、とてもおいしいよ。入れる実によって、みそ汁の味が変わるんだね。	○本時学習をふり返り、だしのよさについて分かったことをワークシートに記入する場を設定する。 ※だしのよさについて分かったことをワークシートに記述している。 ○次時への問いをもつことができるように、だいこんの実の入ったみそ汁を試食し、実のないみそ汁との違いについて話し合う場を設定する。 次の時間は、だしをとったり、実を入れたりして、おいしいみそ汁をつくりたいな。

7 本時の展開のポイント

○視点を明らかにした試食と話合いの場の設定

　だしありとだしなしのみそ汁を比べる視点を話し合って明らかにした上で，だしの役割について考えます。子どもは，だしありとだしなしのみそ汁を飲むだけでなく，資料5のようにみそ汁の香りをかいだり，資料6のように色を比べたりして，両者を比べる視点を「味」「香り」「色」の三点に定めました。そして，資料7のように，分かったことを各グループでホワイトボードにまとめていきました。このように，視点を明らかにすることで，だしありとだしなしのみそ汁の差異点がはっきりし，その後のグループ交流や全体交流で，だしの役割についての話合いを収束させることができます。

> だしありのみそ汁は，どんな香りがするのかな。だしなしのみそ汁は，みその香りだけがしたけど，だしありは，煮干しの香りがするよ。

> 色を比べると，だしなしの方がちょっとだけうすいよ。だしありの方は，煮干しから香りやだしが出て，濃くなったのかな。

資料5　みそ汁の香りを確かめる

資料6　みそ汁の色を比べる

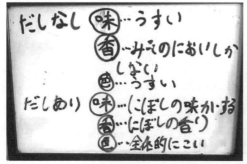
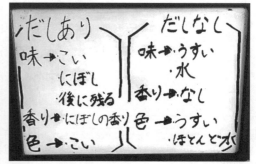
資料7　だしありとだしなしの比較をしたホワイトボードの記述

8 資料

【本時のふり返り　3／6時目】

　だしありとだしなしのみそ汁を飲み比べて気が付いたことだけでなく、そのことからどんなことが分かるのかということまで記述します。これが、だしの役割を理解しているか否かという評価にもつながります。

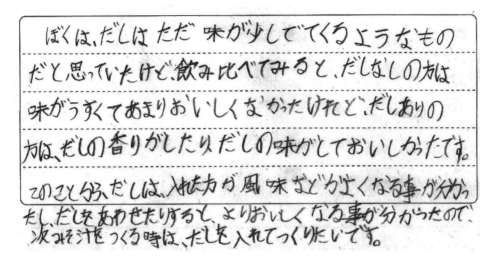

【家庭実践のレポート】

　「材料」「つくり方」「食べた感想」「ふり返り」「お家の人から」という観点を示してレポートをつくります。写真を入れると、その後の家庭実践の紹介のときに交流しやすくなります。

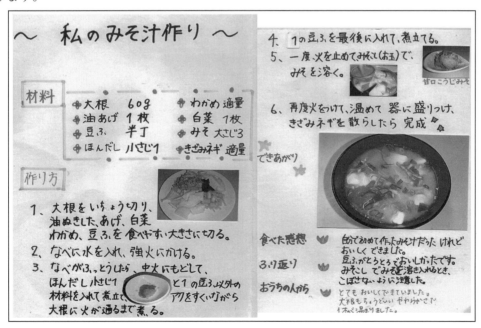

（安永真寿美）

11　体育科　第1学年「ゲーム」

1U　たからとりおに
～たからを とって，たのしく あそぼう～

1　体育科学習における自ら問い続ける子どもの姿

○運動（遊び）の魅力を感じ取る中で自ら問いを見いだし，合理的な動きの追求に没頭し，さらなる問いを見いだす姿　　　　　　　　　　　　　　　　　　　　　（学びの主体化）

○主観的・客観的な気付きを基に，友達と動きを見合い，伝え合い，教え合いながら，合理的な動きを追求する姿　　　　　　　　　　　　　　　　　　　　　　　（学びの協働化）

○運動の特性や自己の適性等に応じて，「する・見る・支える・知る」等の多様なかかわり方について考える姿　　　　　　　　　　　　　　　　　　　　　　　　（学びの深化）

2　本単元が生まれるまで

　1年生は，運動などをして体を動かしているときには，「動くこと」と「考えること」が同時に進むという特徴があります。また，目標を達成したいという達成の欲求や，友達と競い合いたいなど競争の欲求も高まってきます。このような学年の子どもにとって，「宝取り鬼」は，「たくさん点を取りたい。」「相手チームに勝ちたい。」という思いを引き起こすのにふさわしい学習材であるといえます。

　本単元では，集団対集団で競い合いながら，鬼からタグを取られないように逃げたり，身をかわしたりする動きや，鬼のいない場所に移動したり，駆け込んだりする動きを身に付けることをねらいとします。このことは，楽しく体を動かしながら，多様な動きを経験し，動きを身に付けていく上で，大変意義があります。

3　単元の目標

〈運動への関心・意欲・態度〉

○鬼遊びに進んで取り組み，きまりを守り仲よく運動をしたり，勝敗を受け入れたり，場の安全に気を付けたりしようとする。

〈運動についての思考・判断〉

○鬼遊びの行い方を知り，楽しく遊ぶための規則を選んだり，攻め方を見つけたりすることができる。

〈運動の技能〉

○タグを取られないように身をかわしたり，鬼のいない場所に駆け込んだりすることができる。

90　Ⅱ　実践編

4 単元展開（総時間数 5時間）

	主な学習活動	指導上の留意点	重視する評価の規準と観点
問いをもつ・見通す	1 試しの宝取り鬼で遊び，本単元を設定する。〔1〕	○「鬼をかわして宝を取りたい。」「相手チームに勝ちたい。」という思いを高め，「どうすれば宝を取ることができるか。」と問いをもつことができるように，簡単な規則で遊ぶ活動を設定する。	○宝取り鬼に進んで取り組み，きまりを守り仲よく運動をしようとしている。 （運動への関心・意欲・態度）
	〈単元を貫く問い（学習問題）〉 たくさん たからを とって，たのしく たからとりおにで あそぼう。		
	2 規則を選んで，宝取り鬼で遊ぶ。〔1〕	○誰もが楽しく遊ぶことができるように，コートや鬼ゾーンの広さ，鬼の数などの規則を選ぶ活動を設定する。	○宝取り鬼の行い方を知り，楽しく遊ぶための規則を選んでいる。 （運動についての思考・判断）
挑 む	〈問い〉タグを とられないように うごいて，たくさん たからを とって あそぼう。		
	3 身のかわし方を見いだしながら宝を取り，宝取り鬼で遊ぶ。〔1〕	○タグを取られない身のかわし方を見つけることができるように，モデルとなる子どもの動きを紹介するとともに，走る方向や体の使い方に注目させる発問を行う。	○タグを取られないように鬼から逃げたり，身をかわしたりすることができる。 （運動の技能）
	〈問い〉おにゾーンを とおりぬけて，たくさん たからを とって あそぼう。		
	4 鬼ゾーンの通り抜け方を見いだしながら宝を取り，宝取り鬼で遊ぶ。 **本時**〔1〕	○鬼ゾーンの通り抜け方を見つけることができるように，視点を明確にした絵や図の掲示，モデルとなる子どもの動きの紹介，どのように動いたかに注目させる発問を行う。	○鬼のいない場所に移動したり，駆け込んだりすることができる。 （運動の技能）
生かす・広げる	〈問い〉たからとりおにたいかいで たのしく あそぼう。		
	5 1U宝取り鬼大会を行い，単元をまとめる。〔1〕	○子どもが学習の成果を実感し，達成感を味わうことができるように，まとめの大会を設定する。	○宝取り鬼に進んで取り組み，きまりを守り，勝敗を受け入れ仲よく運動をしようとしている。 （運動への関心・意欲・態度）
	〈次単元への問い〉 おにを かわしたり，おにの いない ばしょへ かけこんだり する うごきを，ほかの あそびにも いかそう。		

11 体育科 第1学年「ゲーム」 *91*

5　単元展開のポイント

(1) 問いをもつ・見通す段階

問いをもつ・見通す段階では，簡単な規則で試しの活動を行います。試しの活動では，タグを取る，鬼から逃げるといった動きに慣れるため，タグ取り鬼を行います。

すると，資料1のように，鬼のいない場所を見つけて矢印のような動きで鬼から逃げたり，鬼をかわしたりする姿が見られました。この動きには，「鬼をかわすのは楽しいな。」という子どもの思いがはたらいています。その後，簡単な規則の宝取り鬼を行いました。すると，資料2のように，鬼ゾーンを通り抜けて宝を取りたくても，鬼が邪魔をして鬼ゾーンを通り抜けることができないといった状況が現れました。その状況を学級全体で共有すると，子どもは，「どうすれば，邪魔をする鬼をかわして宝を取ることができるだろうか。」と問いをもつことができました。この問いを基に，単元を通して達成する個人の目標である

資料1　タグ取り鬼で，鬼をかわして遊ぶ

資料2　宝を取るための方法に問いをもちながらあそぶ

「できるようになりたいこと」を設定し，その目標に向かって学習を進めることができるようにしました。

その後，規則や遊び方について話し合う活動を設定しました。するとチームで競争しながら，「何個宝を取ることができるか競争をしたい。」などの思いをもち，「鬼をかわしてたくさん宝を取ってゲームをしよう。」という学習問題をつくりました。そして，たくさん宝を取るために，「鬼のかわし方を考えないといけないね。」「攻め方を考えてやってみたいな。」など，解決の見通しを話し合いました。

問いをもつ・見通す段階におけるポイント　〔1／5時目〕

①**鬼遊びの楽しさをたくさん味わう時間を設けよう。**
　　事前に，休み時間などを活用していろいろな鬼遊びにふれ，鬼遊びの楽しさを味わうことができるようにします。すると，子どもたちの「もっと鬼遊びで遊びたい。」という思いを引き起こし，意欲的に学習に取り組むようになります。
②**チームの一体感を高める時間を設けよう。**
　　ゲーム領域は，友達と力を合わせて競い合う楽しさがあります。そこで，教師が例を示しながら各チームで「チーム名」「ファイトコール（円陣）」「ハイタッチなどのジェスチャー」を決めると，チームの一体感が高まり，チームワークがよくなります。

(2) 挑む段階

挑む段階では，鬼から逃げたり，鬼から身をかわしたりする楽しさを味わうことができるように，鬼ゾーンを2か所にし，二人ずつ鬼を配置するなどの規則をつくりかえていきます。宝取り鬼で遊ぶ際は，①攻め方を話し合う，②1試合目で攻め方を試す，③試してみてうまくいったことやうまくいかなかったことを確認・修正する，④確認・修正したことを2試合目で試すといった展開で進めます。

また，学習を展開するにあたって，資料3のように試合と試合の間や本時のふり返りの場面で，「方向」や「速さ」に問いを焦点化して友達が見つけた攻め方を紹介する活動を位置付けました。すると，それまでなかなか鬼をかわすことができなかった子どもが，左右に動いたり，走る速さを変えたりしながら鬼をかわし，宝を取るとことができるようになりました。取った宝は，資料4・5のように，数を見えるようにすることで，達成感が高まり，より意欲的に宝取り鬼に取り組むようになりました。さらに，取った宝の数を見て，「どんな攻め方をすると，こんなに宝がとれるのかな。」と問いをもち，たくさん宝を取っている友達に攻め方を聞くなど，学び合いを活性化することができました。

資料3　見つけた攻め方を発表する

資料4　取った宝が見えるようにした工夫

資料5　取った宝の数を見て，友達に攻め方を聞く

挑む段階におけるポイント　〔3・4／5時目〕

①**競い合いが見えるようにしよう。**
　ゲームは，友達との競い合いが楽しい運動（遊び）です。取った宝の数や得点などが見えるようにすると，子どもたちの「競い合いたい。」という情動性を喚起することができます。

②**学習カードを工夫しよう。**
　低学年の子どもでも簡単に記入できるように学習カードを工夫します。そうすることで，低学年の子どもたちにも学習の方向付けや，ふり返りの促進をさせることができます。

（※「取った宝を入れる容器と得点板」「学習カード」については，本書p.97を参照してください。）

(3) 生かす・広げる段階

　生かす・広げる段階では，子どもが学習の成果を実感し，達成感を味わうことができるように，1U宝取り鬼大会を行います。資料6のように，単元の導入時には攻め方を見つけることができなかった子どもに対して，単元を通して他のチームメイトが図や言葉で伝えたり，動きを見せたりして学び合う姿が見られました。最初は宝を3個しか取ることができなかった子どもが，「友達におとりになってもらって，鬼がいないところをシュッと通り抜けるといいよ。」というアドバイスを生かすことで，単元の終末時の宝取り鬼大会では宝を7個取ることができるようになり，単元を通して動きが高まったことが分かります。

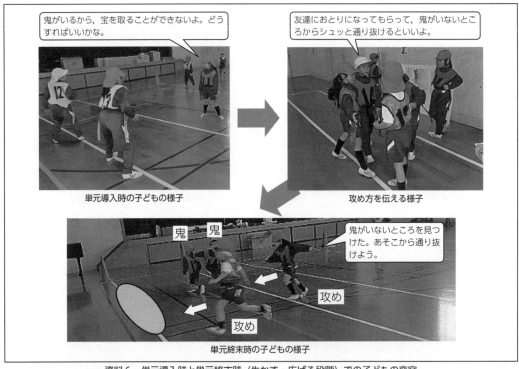

資料6　単元導入時と単元終末時（生かす・広げる段階）での子どもの変容

生かす・広げる段階におけるポイント　〔5／5時目〕

①これまでの学びを生かそう。
　　最後は，これまでの学びを生かして，宝取り鬼大会を行います。ここでは，単元を通してできるようになったことを称賛・価値付けすることで，子どもが学習の成果を実感し，達成感を味わうことができます。

②他の運動遊びや日常生活に広げよう。
　　例えば，鬼遊びで学習した鬼をかわす動きがタグラグビーやサッカー，バスケットボールなどにもつながるといったことなど，単元で学習した動きが，他の運動（遊び）や日常生活につなげることができるような気付きを促します。そうすることで，さまざまな運動（遊び）へと興味・関心が広がります。

6 本時の展開（5時間扱いの4時間目）

(1) 主 眼

宝取り鬼で遊びながら，鬼にタグを取られずに宝を取るための攻め方を見つけたり，話し合ったりする活動を通して，鬼のいない場所に移動したり，駆け込んだりしながら攻めることができるようにする。

(2) 準 備

タグ，ゼッケン，宝（カラーボール），宝箱

(3) 展 開

学習活動と子どもの意識	指導上の留意点（○）と評価（※）
1 学習の準備をし，準備運動をする。 　・走　・スキップ　・ギャロップ 2 本時学習のめあてをつかむ。	○本時の動きづくりの基になるように，基礎技能を育む運動を行う。 ○本時のめあてをつかむことができるように，前時にうまくいかなかったことを確認する活動を設定する。

　　　　おにゾーンを とおりぬけて，たくさん たからを とって あそぼう。

3 タグ取り鬼で遊ぶ。 4 宝取り鬼で遊ぶ。 (1) 攻め方について話し合う。 (2) 宝取り鬼で遊ぶ。 【規則】 ・2分間で攻守交替。得点（持ち帰った宝の数）の多い方が勝ち。 ・タグを取られたり，横の線から出てしまったりしたらスタートラインに戻って再びスタートする。 ・鬼は鬼ゾーンの中のみ動いてタグを取ることができる。鬼ゾーン以外は移動できない。 取った宝は，自分の容器に入れる。チームの得点はそれを合計する。 2分経過時，手に持っている宝も容器に入れて得点とする。 5 本時の学習をふり返る。	○鬼のいない場所を見つけることができるように，ドリルゲームとしてタグ取り鬼を行う活動を設定する。 ○鬼ゾーンを通り抜けることができるように，どのような動きをすればよいかについて話し合う活動を設定する。 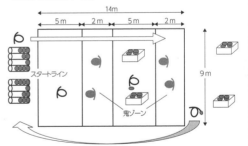 ○取った宝の数が分かるように，得点は透明な容器に宝（カラーボール）を入れる規則を設定する。 ※鬼のいない場所を見つけて，移動したり駆け込んだりしながら攻めることができる。 ○できるようになった動きに気付くことができるように，取った得点を参考に動きについて自己評価する時間を設定する。

　〈次時への問い〉できるように なった うごきを ほかの チームとの たからとりおににも いかせるだろうか。

6 整理運動をし，運動の場を片付ける。	

11 体育科 第1学年「ゲーム」　95

7　本時の展開のポイント

○攻め方を見つける視点を明確にし，見つけたことを共有する学び合い

　子どもがよい攻め方を見つけ，得点することができるように，「時間（タイミング，速さ）」「空間（場所，方向）」「力性（強さ）」に焦点化して学び合いを行います。また，絵や図の掲示，モデルとなる子どもの攻め方の紹介を行う際も，これらに焦点化することで，視点を明確にしてよい攻め方を見つけることができます。

　ここでは，子どもが実際に体を動かしながら攻め方の説明をする場を設けます。そこで，教師が「今から○○くんがお手本を見せるので，いつ，どこに，どのように攻めているのか見つけましょう。」と，見る視点を与え，モデルとなる攻め方を示します。すると，そのモデルの攻め方を参考にして攻めたり，グループで学び合う際の視点としたりする姿が見られるようになります。このような学び合いを繰り返すことで，子どもは鬼をかわしたり，鬼のいない場所に駆け込んだりしながら攻めることができるようになります。子どもたちからは，「○○くんは，鬼が右に動いたとき（いつ）に，鬼と鬼の間（どこ）に素早く（どのように）駆け込んで，6個以上宝を取っていました。」といった発言も聞かれるようになります。さらに，「もっとたくさん宝を取るにはどんな攻め方をすればよいだろうか。」と問い続けたり，友達の動きと比べて自分の動きをふり返ったりしながら学び合う姿が見られるようになります。

資料7　体を使って攻め方の説明をする

資料8　イラストを動かしながら動きの説明する

資料9　動きを問い続け，ゲームで試す

　このように学び合いでは，イラストだけでなく，モデルとなる子どもの動きの紹介の際に，常に「時間」「空間」「力性」といった攻め方を見る視点を与え，鬼からタグを取られないようにするための攻め方を見つけることができるようにすることが大切です。そうすることで，資料7・8・9のように学び合いを活性化し，鬼のいない場所に移動したり，駆け込んだりしながら攻めるなど，技能の高まりが見られるようになります。

8 資料

【取った宝を入れる容器と得点板　3～5／5時目】

　3／5時目以降のゲームでは，一つ目の鬼ゾーンを通り抜けると黄色の宝，二つ目の鬼ゾーンも通り抜けると赤色の玉を取ることができます。（※場については，本書p.95「6　本時の展開」を参照してください。）宝は，1年生の子どもが握ることのできる大きさのものにします。また，取った宝は，数がわかるように，透明の容器に入れます。

　取った宝の数や得点などが見えるようにすることで，子どもたちの「宝をたくさん取ることができた。」「もっとたくさん取りたい。」という思いを引き起こすことができます。

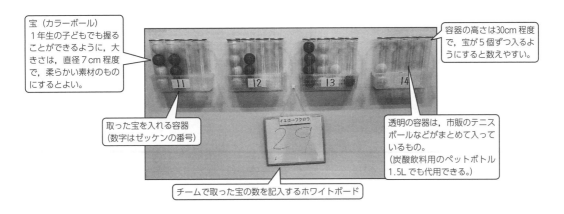

【学習カード（八つ切り画用紙に印刷）　単元全体を通して活用】

　毎時間の終末に，学習カードに取った得点や自己評価を記入します。

　学習カードを活用することによって，「できるようになりたいことを意識してゲームを行おう。」という思いをもち続け，主体的に学習を行うことができます。

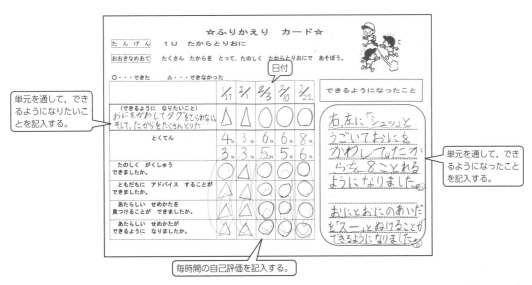

（島田　猛）

12　体育科　第4学年「ゲーム」

「４Ａディスクサッカー」
～つないでシュート！　サッカー型ゲーム～

1　体育科学習における自ら問い続ける子どもの姿

○運動（遊び）の魅力を感じ取る中で自ら問いを見いだし，合理的な動きの追求に没頭し，さらなる問いを見いだす姿　　　　　　　　　　　　　　　　　　　　　　　（学びの主体化）

○主観的・客観的な気付きを基に，友達と動きを見合い，伝え合い，教え合いながら，合理的な動きを追求する姿　　　　　　　　　　　　　　　　　　　　　　　　　（学びの協働化）

○運動の特性や自己の適性等に応じて，「する・見る・支える・知る」等の多様なかかわり方について考える姿　　　　　　　　　　　　　　　　　　　　　　　　　　　（学びの深化）

2　本単元が生まれるまで

　4年生は，集団への所属意識が高まり，みんなで何かをするといった学習に意欲的に取り組むことができます。また，高学年に向け，それぞれが自分の役割を果たしていこうとする気持ちの高まりも見られます。その一方で，第二次性徴を迎え，男女間でのトラブルが増えてくる時期でもあります。

　子どもにとって体育科学習の中でも，特に人気の高いゴール型ゲームにおいては，基本的なボール操作やボールを持たないときの動きを身に付けることをねらいとされています。また，規則を工夫したり作戦を選んだりして，友達と考えを伝え合ったりすることや，規則を守ってだれとでも仲よく運動する態度を育てることもゲーム領域の大きなねらいです。そこで，本単元では，このような時期に，全員が活躍できるゴール型ゲームを仕組みます。

3　単元の目標

〈運動への関心・意欲・態度〉

○運動に進んで取り組み，規則を守り，勝敗を受け入れたり，場や用具の安全に気をつけたりしようとする。

〈運動についての思考・判断〉

○規則を工夫したり，簡単な作戦を立て，自分たちのチームに合ったものへと改善したりすることができる。

〈運動の技能〉

○基本的なボール操作（蹴る・止める）や，空いている場所に動く動きを身に付けることができる。

4　単元展開（総時間数　8時間）

	主な学習活動	指導上の留意点	重視する評価の規準と観点
問いをもつ・見通す	1　ディスクサッカーと出合う。　　〔1〕	○動きを工夫したり作戦を立てたりすることで，得点することができそうだという見通しをもつことができるように，試しのディスクサッカーをする。	○試しのゲームを基に，問いを見いだし，学習の見通しを立てている。 （運動への関心・意欲・態度）
	〈単元を貫く問い（学習問題）〉 みんなが楽しめる規則をつくったり，得点につなげる動きを身に付けたりして，作戦を生かしたゲームをしよう。		
挑　む	〈問い〉ディスクを操作する動き（シュート・パス）を身に付けよう。		
	2　規則を工夫しながら，ディスクを操作する基本の技能を身に付ける。〔3〕	○みんなが楽しめる規則を完成させることができるように，前時の課題から規則を付加・修正したり，作戦を立てる場を設定したりする。 ○基本的な操作の技能（蹴る・止める）を身に付けることができるように，ドリルゲームを提示し，自分たちに合ったものを選択し練習する活動を設定する。	○みんなが楽しめるという視点で規則を工夫したり，作戦を立てたりしている。 （運動についての思考・判断） ○基本的な操作技能を行うことができる。　　（運動の技能）
	〈問い〉得点できる場所を見つけ，動き方を考えてゲームをしよう。		
	3　チームで課題に応じた練習をして，ゲームをする。　　本時〔1〕	○空いている場所に着目し，たくさん得点することができるように，前時を基に，課題に応じた練習を行う場を設定する。	○ボールを持たないときに，空いている場所を見つけ，その場所へ素早く動き得点につながる動きができる。　　（運動の技能）
	〈問い〉これまでの学習を生かして作戦を立て，ゲームをしよう。		
	4　高まった動きを生かした作戦を立ててゲームをする。　　〔2〕	○作戦実行のための動きを高めることができるように，タスクゲームから課題を見つけ，必要な動きづくりを行うようにする。	○自分のチームに合った簡単な作戦を立てている。 （運動についての思考・判断）
生かす・広げる	〈問い〉学習を生かして，4Ａディスクサッカー大会をしよう。		
	5　4Ａディスクサッカー大会を行い，本単元をまとめる。　　〔1〕	○学習した動きや作戦を生かしてゲームをすることができるように，ポイントをまとめた掲示物を提示する。	○運動に進んで取り組み，規則を守り，勝敗を受け入れたり，場や用具の安全に気を付けたりしようとしている。 （運動への関心・意欲・態度）
	〈次単元に向かう問い〉今回の学習を生かしてバスケットボールをしよう。		

12　体育科　第4学年「ゲーム」　99

5　単元展開のポイント

(1) 問いをもつ・見通す段階

　問いをもつ・見通す段階では，「もっとたくさん得点したいな。」「みんなが楽しめるゲームにしたい。」という思いを高めるために，資料1の規則で試しのゲームを行います。また，資料2のような技能差を減らすためのディスクを提示します。すると子どもは，ゲームを楽しみながらも「どうしたら得点できるかな。」「パスが通らなくておもしろくないのはどうしてかな。」など，今までの学習経験を生かして問いをもち始めます。

　そのような思いが高まってきた子どもに，「どのようにするともっと楽しくゲームをすることができるかな。」と，問い返しました。すると，「人数を減らしてパスがもっと通りやすくする規則はどうかな。」や「作戦を立ててゲームしたい。」などの発言をしました。その結果，単元を通して子どもが追究していく「みんなが楽しめる規則をつくり，たくさん得点できるゲームをしていきたい。」という学習問題をたてることができます。

　さらに子どもは，「アルティメットでやったように，なるべくパスをもらいやすい場所に行くといいんじゃないのかな。」や「○○作戦を使って，ゲームをしよう。」など，活動を見通していきます。

- 人数は6対6
- 30秒でローテーション
- 身体接触は禁止。
- キーパーはなし。
- サッカーと基本的に同じ規則。
- ディスクは踏まない。
- マットの外にでたら，バックコートのチームのキックインで始める。
- 時間は3分ハーフ。

資料1　ディスクサッカー初めの規則

問いをもつ・見通す段階におけるポイント　〔1／8時目〕（学習材開発の視点から）

①子どもの意欲を高めよう。

　ゴール型領域は，子どもにとって人気も高いですが，一部の子どもだけで，ゲームが進行してしまい，技能が身に付かない，意欲が高まらないなどの課題もあります。そこで，単元に入る前に学級で映像を見せたり，ボールをディスクにしたりして技能差を軽減したり，簡単な規則でゲームをしたりしておくとゲームに対する意欲を高められ，子どもが主体的に学習を進めることができます。

②ゲームの下準備をしておこう。

　ゲームに入る前に行っておきたいこと
- チーム決め（リーダーシップ，技能，発言力などの視点から均等に設定する。）
- 簡単な規則を設定すること（子どもが変更できる余地を残しておく。）
- 教具の準備（みんなが安全に運動できるような数と素材を考えてそろえる。）

(2) 挑む段階

まず，挑む段階の第1時では，「人数」と「コートの広さ」に視点を当て，資料2のような規則の変更を行いました。子どもは話し合い，ゲームに出る人数を減らすことと，コートを広くしたいと意見をまとめました。そこで，中に入る人数を4人とし，ローテーションの時間を1分ごとに行うようにしました。また，ディスクの扱い方についても，「ディスクを押さえてしまうと，動きが止まって面白くなくなるからやめよう。」という意見が出ました。このことによって，コートの中で自由に動ける範囲が広がるとともに，攻防の切り替えの速い展開から素早く得点をする動きが見られるようになり，4Aの規則が完成しました。

挑む段階の第2時では，「パスを受けてシュートすることができない。」とパスを受けて，シュート局面に至る動きに問いをもつ様子が見られました。そこで，前時までによい動きをしていたゲームの映像をタブレット端末で紹介してゲーム内での子どもの思考を可視化しました。すると，子どもは，「味方と連動して，離れて動けばいいんだね。」や「空いている場所がたくさんあって，そこを使うとよいようだね。」という，動きに対しての解決方法を見つけることができました。

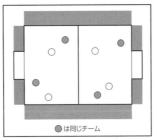

追加・修正した規則
- 時間を増やす。(30秒→1分)
- ディスクを押さえない。
- コートを一面で広くとる。

資料2　規則変更の内容

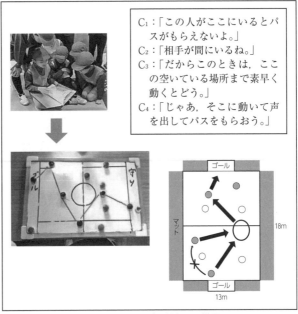

C₁：「この人がここにいるとパスがもらえないよ。」
C₂：「相手が間にいるね。」
C₃：「だからこのときは，ここの空いている場所まで素早く動くとどう。」
C₄：「じゃあ，そこに動いて声を出してパスをもらおう。」

資料3　イメージを共有する様子

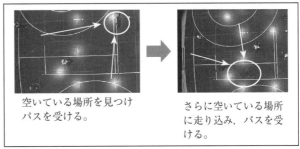

空いている場所を見つけパスを受ける。 → さらに空いている場所に走り込み，パスを受ける。

資料4　イメージから動きを具現化した子ども

第3時では，資料3のような学び合いが行われました。「どうすればパスがつながるかな。」と，個人技能の高まりから集団戦術技能へと視点が移っていきました。学び合いの中で，ディスク保持者と自分の間に相手がいないようにするとよいことに気付き，空いている場所をうまく使えば，パスが回せて得点することができると話し合うことができまし

た。話し合い後のゲームでは，資料4のような動きが見られ，学び合いによって，動きが高まったことが分かります。

　第4時では，これまでの学習から作戦を立て直す時間を設定しました。そのことにより，これまでの作戦を見直し，友達と連動して陣形を組み，素早く動き回ってパスをもらう「Wのようにジグザグになってパスを回すW作戦を使おう。」など空いている場所を効果的に使う作戦を考え出していきました。動きの高まりから作戦を立てゲームをすることができるようになったことが分かります。

```
■ 挑む段階におけるポイント ■　〔3・6／8時目〕（単元展開の工夫と学び合い）
①個人の技能を高める時間を設定しよう。
　　ねらいとするゲームにするには，個人のスキルアップが欠かせません。ドリルゲームでその一つ一つの技能を高めていくことが大切です。パスゲームやドリブルゲームなどをメインゲームの前に単元の中に効果的に位置付けるとよいです。
②集団戦術技能を高めるための場を設定しよう。
　　ゲームの特性として，それぞれのチームに応じて課題が違うということがあげられます。学び合いの中で，その課題を適切につかみ，解決することができるように，作戦盤の活用や映像の撮り方を工夫して思考を可視化したり，タスクゲームを効果的に用いたりすることが大切です。
```

(3) 生かす・広げる段階

　「これまでに学習したことを生かしてゲームをしよう。」と，これまで学習してきたことを確かめる場として，ゲーム大会を行った。「○○くん，足の内側を使ってけるといいよ。」や「○○さん，ここが空いているよ。」などこれまでの学習をふり返りながら，声をかけ合ってゲームを行う姿が見られ，技能の高まりが感じられました。

```
■ 生かす・広げる段階におけるポイント ■　〔8／8時目〕（単元展開の工夫）
○技能の高まりや自分たちで考えたゲームのよさを味わう場をつくろう。
　　単元の終末では，これまでの学習の成果が発揮できるように，まとめの大会を行います。これまで習得してきた見方や考え方が働くように，掲示などを効果的に用いるとよいです。それが次単元や次学年の学習に生きてくると考えます。
```

6　本時の展開（8時間扱いの5時間目）

(1) 主　眼

　ICTを活用し，作戦を立てなおしたり，練習を行ったりする作戦タイムを通して，パスをもらえる場所に動いてパスをつなぎ，空いている場所に素早く動く，得点につながるボールを持たないときの動きができるようにする。

(2) 準　備

　ディスク，作戦盤，作戦ノート，マット，得点板，規則表，学びのあしあと，タブレット端末

102　Ⅱ　実践編

(3) 展 開

学習活動と子どもの意識	指導上の留意点（○）と評価（※）
1　前時の学習を想起し，本時のめあてと学習の進め方を確認する。	○本時の学習に向かうことができるように，前時までの掲示物や学習カードを活用する。

空いている場所を使って，たくさん得点できる動き方を考えよう。

2　ゲーム1をする。 これまでの練習でパスをうまくつなぐ練習をしたので，スペース作戦を使って試してみよう。 たくさん得点をとるために，パスやシュートの練習をしてきたけれど，作戦はどうすればよいのかな。	○自分たちのチームの課題に気付くことができるように，前時までの動画やふり返りから課題を明確にしてゲームを行うようにする。 4Aディスクサッカー規則 ・4対4 ・キーパーなし ・1分ごとに2人がローテーションする。 ・フェンス（壁）あり 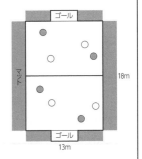
3　作戦タイムを行う。 上からの映像を見ると，パスを出すと得点できそうな位置にいる人がいたね。なぜパスがつながってないのかな。	○空いている場所に素早く動く動き，得点につながる動きを身に付けることができるようにするために，さらに伸ばしたい技能を練習したり，作戦盤や前時の映像を活用しながら，うまくいかなかった作戦を修正したり，立て直したりする場を設定する。
4　ゲーム2をする。 ゲーム1で空いている場所に行っている人はいたけど，うまく使えていなかった。 ゲーム2では，手で合図をしたり，声かけをしたりして，うまくパスがつながって得点できたよ。	○空いている場所に素早く動き，攻守の切り替えを素早く行い，パスをつないだ得点の動きをすることができるようにするために，作戦タイムでのドリル練習や立て直した作戦を生かして，ゲームを行うように助言する。 ※パスをもらえる場所に動いてパスをつなぎ，空いている場所に素早く動く，得点につながるボールを持たないときの動きができる。
5　本時のまとめを行い，整理運動をする。 ゲーム1での課題を見つけて，作戦タイムで，みんなで作戦を立てたり，練習をしたりして，解決することができました。ゲーム2では，たくさん点が取れてよかったです。でも，まだ作戦が十分でないところがありました。次はもう一度作戦について考えたいです。	○次時には，本時で身に付けた動きと作戦を結ぶことができるようにするために，ICTを用いたふり返りを行う。その中で，高めたい技能に気付いたり，チームの課題に合った作戦について考え直したりして，作戦に目を向けた立ち止まりの問いを生み出す場面を設定する。

12　体育科　第4学年「ゲーム」

7　本時の展開のポイント

○挑戦欲求を喚起する学習材の開発

　みんなが楽しく，技能を高めることのできるゲームを行うために，以下の三つの視点から，学習材を開発しました。

情動性	子どもに驚きや感動を生み出し，「やってみたい。」という挑戦欲求を喚起し，進んで取り組みたくなるもの。
連続・発展性	これまでに学習してきた運動への見方や考え方，感じ方の広がりを促し，動きを吟味・修正し，量的・質的に高めることができる要素を含んでいるもの。
本質性	運動のもつ特性にふれ，合理的な動きを追求する楽しさや，運動ができる喜びを味わいながら技能の向上に資するもの。

　ゴール型ゲームで例示されている「ラインサッカー」を，技能をより簡易化したり，規則を工夫したりすることで「ディスクサッカー」という学習材を開発しました。また，マットで四方を囲むことで，動きの連続性を生み，運動量を大きく増やすことができました。ふり返りの記述にもあるように，技能が高まったことを感じ挑戦欲求が高まったこと，次も頑張ってみたという意欲が高まっていることが伺えます。子どもの実態に合わせて，学習材を開発することが大切です。

○イメージと動きをつなぎ，動きを高める学び合い

　作戦盤や作戦ノートを用いることで，子どもが相互に意見を交流し合う場面が見られました。「空いている場所はここにあるから。」や「B君がこっちに動いたら，Cさんはこっちに行けばいいんじゃないかな。」など，動きのイメージが可視化・共有化されたことで，ゲームの中においても，空いている場所を，共通した認識をもって動く様子が見られました。

　また，タブレット端末で撮影した映像をふり返る中で，「相手はディスクを持っている人に引きつけられているから，味方が空いている場所に動いてパスをもらうと得点できた。」と，A児は述べていました。

　作戦盤を用いて，動きのイメージ化を行っていたことで，空いている

資料5　振り返りの場面

場所を見つけ，その場所へ動くよさに気付くことができていました。ふり返りの中で，映像を見ることにより，イメージと動きをつなぐことができました。

　ゲームでは，個人技能の高まりと集団での戦術力を高める手立てを行き来しながら，ICTや作戦盤などのツールを用いて指導することで，相乗効果が期待されます。

8 資料

【学習時に子どもに提示する作戦ツールの例】

　子どもの実態に応じて使用します。自らの課題（チーム・個人）について気付くことができます。

体育科　ゲーム・ボール運動領域　作戦ツール

【ボールきせき図（コート図）】
1　コート図にボールの動きを書いていく。
2　ボールの動きから課題を見つける。

使っているコートの様子から，自分たちのチームが
どのように動いているかが分かる。

長所：コートを使っている場所が一目で分かる。
短所：細かな様子を見取ることができない。

線の集まり具合で，コートの使用状況が分かり，空いている場所に気付くことができます。

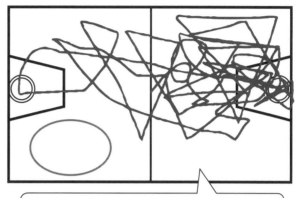

【ボールを持たない時の動きを高めるためのボール運動における学習材の開発の例】

　ボール運動において、ボール操作技能を簡易化することで，より空いている場所に目を向け，走り込む動きに特化した学習材としてホッケーを行いました。

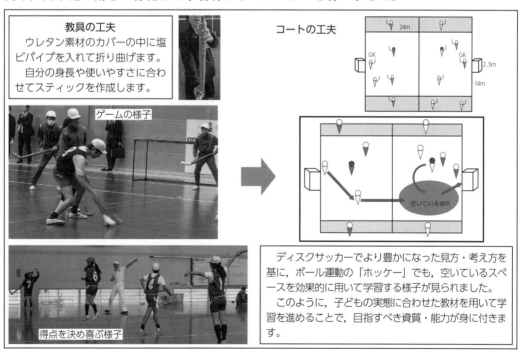

教具の工夫
　ウレタン素材のカバーの中に塩ビパイプを入れて折り曲げます。
　自分の身長や使いやすさに合わせてスティックを作成します。

ゲームの様子

得点を決め喜ぶ様子

コートの工夫

　ディスクサッカーでより豊かになった見方・考え方を基に，ボール運動の「ホッケー」でも，空いているスペースを効果的に用いて学習する様子が見られました。
　このように，子どもの実態に合わせた教材を用いて学習を進めることで，目指すべき資質・能力が身に付きます。

（浦橋一将）

13 道徳科　第6学年「C　規則の尊重」

守るべき法

教材：「ここを走れば」（出典：光村図書）

1　道徳科学習における自ら問い続ける子どもの姿

○道徳的な問題を自分自身の問題ととらえ切実感をもってかかわりながら，よりよい生き方を求めている姿　　　　　　　　　　　　　　　　　　　　　　　　　（学びの主体化）

○他者（友達や教師）の多様な価値観にふれながら，多面的・多角的に考え，よりよい生き方を見いだしている姿　　　　　　　　　　　　　　　　　　　　　　（学びの協働化）

○道徳的価値についての理解を深め，「こうありたい。」「こんな思いを大切にして生きていきたい。」などの願いをもち，自己の生き方についての考えを深めている姿　　（学びの深化）

2　本主題の価値

　6年生にもなると，子どもは，法やきまりを守ることの大切さについては気付いています。しかし，友達が法やきまりを守れていないときには指摘するけれど，自分の場合だと，都合のよいように考えたり，周りに迷惑をかけてしまっていることに気付いていなかったりするなど，法やきまりを守る意義を理解しながら行動するまでには至っていません。それは，自己中心的に物事を考えたり，注意をされるからきまりを守るというように考えたりしているからではないかと思います。また，子どもは，法やきまりについて，絶対的なもので変えることが許されないと考える一方で，時と場合によっては融通がきくというようにとらえています。それは，法やきまりを守って生活することで，みんなが安全・安心に生活することができるという，法やきまりを守るよさを実感して生活することができていないからではないかと思います。そこで，本主題では，全ての人が安全・安心して生活することのできる社会をつくるために，法やきまりが必要であることについて考え，進んで守っていこうとする態度を養うことができるようにします。このことは，自他のことを考えながらよりよい社会を築く力を育成していく上でも，大変意義があります。

3　教材の価値

　本教材は，祖父の危篤という生命にかかわる状況にもかかわらず，社会人として守るべき交通規則を守り抜いた父親の姿を描いた内容です。また，法を守ることについて「ぼく」や父親などの立場に立って多面的に考えたり，「もし～していたら」と未来に時間軸を変えて多角的に考えたりすることで，「なぜ，法律はどんなときも守らないといけないのか。」について自分の考えを見つめ直し，深めることができる教材です。

4　本時の展開

(1) ねらい

　法やきまりを守ることが全ての人の安全・安心な生活をつくることにつながることに気付き，どんなときでも法やきまりを進んで守ろうとする態度を育てる。

(2) 準　備

アンケート資料，教材「ここを走れば」，学習プリント，ネームプレート

(3) 展　開

学習活動と子どもの意識	指導上の留意点（○）と評価（※）
1　身近な道徳的な問題を基に，本時学習の方向性をつかむ。	○「なぜ，法律はどんなときも守らないといけないのか。」という本時の問題意識を高めることができるように，身近な道徳的な問題に対するそれぞれの価値観のちがいを比較する活動を設定する。

- たとえ，友達との約束があり，車が来ていないといっても，赤信号で道路を渡ってはいけない。法律は絶対に守らないといけない。 ⇔ ・法律を守ることは大切だけれど，時と場合によっては，守らなくても仕方がないときがあるのではないかな。

　　　なぜ，法律はどんなときも守らないといけないのかな。

| 2　教材「ここを走れば」を基に，法を守る意義やよさについて考える。 | |
| (1) 路側帯を走ってもよいかどうかについて，ネームプレートを用いて自分の立場を明確にし，話し合う。 | ○他者の考えと比較して，その考えの多様性に気付くことができるように，立場の同じ他者や異なる他者と交流する活動を設定する。 |

〈路側帯を走ってはいけない〉
・命が危ないといっても法律は守らないといけない。
・路側帯を走ると別の人の命を奪うことになるかも。
・法律を破って会いに来てもおじいさんは喜ばない。

⇔（早く行きたい）

〈路側帯を走っても仕方がない〉
・命にかかわる緊急なことだから，仕方がない。
・病院に早く行くためには，この方法しかない。
・法律を破ってでも，おじいさんに会いたい。

| (2) 父は，どうして路側帯を走らなかったのかについて考え，話し合う。 | ○規則の尊重についての価値を多面的・多角的にとらえることができるように，「父は，路側帯を走っている人のことをどう思っているか。」「もし路側帯を走っていたら，どんな事態になることが考えられるか。」について考え，交流する活動を設定する。 |

父は，路側帯を走っている人たちを，自分のことを優先しているから恥ずかしいと考えているよ。だから，周りの人のことも考えて，路側帯を走らなかったんだよ。

| (3)「なぜ，法律はどんなときも守らないといけないのか」「法律を守るよさは何か」について考え，話し合う。 | ○規則の尊重についての自分の価値観を確かにすることができるように，法律を守る意義についてホワイトボードを用いて交流する活動を設定する。 |

「路側帯は緊急車両が走る道路だから，普通車は走ってはいけない」ということは，法律は，人の命を守るためにあるから絶対に守るべきだと思う。

法律を守ることで，全ての人が安心・安全に生活できると思う。だから，法律は必要だし，自分のことだけを考えていてはいけない。

法律は，全ての人を大切にするためにあると思う。だから，法律を守らないということは，人を大切にしていないことと同じだと思う。

法律を守ることで，みんなが幸せに生活することができる。だから，どんなときでも，進んで守っていくことが大切だと思う。

| 3　自分の生活について見つめ直す。 | ○道徳的価値のよさを自覚しながら実践意欲を高めることができるように，これまでに法やきまりを守った経験を想起したり，導入段階や展開段階で見つめた自分の考えと結び付けたりして，これからの自分を見つめる自己評価活動を設定する。 |

これまでは，きまりや法律を守らなくても仕方がないと思うときもあったけど，きまりや法律は全ての人が安心・安全に生活できるように定められているから，どんな理由があっても守っていきたいと思ったよ。

※法やきまりの意義やよさに気付き，どんなときでも進んで守ろうと記述している。

5 本時の展開のポイント

(1) 問題意識を高める導入の工夫

導入では，資料1のような「友達との約束を守るために，赤信号を渡るかどうか。」という場面を提示します。これは，子どもの「なぜ，法律はどんなときも守らないといけないのか。」という道徳的な問題を自分自身の問題として受け止め，問題意識を高めるためです。事前アンケートの結果や，日常生活における子どもの会話等を基に，法やきまりを守ったり守れなかったりした経験を把握し，そこから本時の「路側帯を走っても仕方がないかどうか。」という葛藤場面につながるような問題場面を考えることがポイントです。

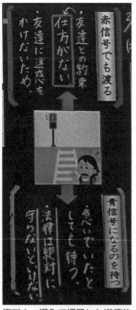

資料1　導入で提示した道徳的な問題場面

このように法を守れない問題場面を提示することで，子どもからは，「友達との約束があり電車に乗り遅れそうなのだから，赤信号で渡っても，仕方がないのではないかな。」「いや，たとえ友達との約束があって急いでいたとしても，法律は絶対に守らないといけないよ。」などの発言を引き出すことができます。そして，これらの考えを比べると，「法律を守ることは大切だけれども，時と場合によっては，守らなくても仕方がないときがあるのかな。」という問いを生み出すことができます。さらに，教師が「時と場合によって守らなくてもよい法律なら，無理に守らなくてもよいですよね。」とゆさぶり発問をすることで，「いや，法律はどんなときも守らないといけない。」という発言を引き出したり，それに対し，「どうして。」と問い返したりしていきます。このように，法に関する道徳的な問題場面を提示し，子どもの初めの考えを引き出して，ゆさぶり発問をするという流れで導入を工夫すると，子どもの問いは，「法律を守らなくても仕方がないときがあるのではないか。」というものから，「なぜ，法律はどんなときも守らないといけないのか。」というものへと変わってゆくのです。

(2) 多様な価値観にふれる学び合いの工夫

子どもが多様な価値観にふれながら，自分の価値観を確かにすることができるように，次の二つを押さえます。

> ①自分の立場を明確にして学び合う場をつくる。
> ②立場や時間を変えて考える場をつくる。

①の場合，「路側帯を走っても仕方がないかどうか」について，ネームプレートを用いて立場を明確にして話し合う活動を設定します。そうすると，一人一人の立場をお互いに確認することができるとともに，友達の考えと自分の考えをつなげながら発言できます。「路側帯を走ってもよい」と「路側帯を走ってはいけない」，両者の立場からそれぞれ順番に発言させるのではなく，全体から考えを取り上げることで，友達の価値観にふれながら，自分の価値観を確かにしていくことができます。

②の場合，様々な登場人物の視点から，「路側帯を走っている人は，どんな気持ちで走っているのか。」「『ぼく』や父は，路側帯を走っている人のことをどう思っているのか。」というように，路側帯を走ることについて立場を変えて考えていきます。また，「もし路側帯を走っていたら，この後どんな事態になり，そのときどんな気持ちになることが考えられるか。」と時間が少し経過した後のことを話し合う活動を設定します。子どもからは，「路側帯を走っている人は，周りの人のことなど考えずに走っていると思う。」「『ぼく』は，路側帯を走っている人をうらやましいと思っているけど，父は，はずかしい人達だと思っている。」「もし路側帯を走っていたら，別の人の命を奪ってしまい，一生後悔することになるかもしれない。」などの考えが出てくるでしょう。

(3) 多面的・多角的な考えを構造化する板書の工夫

　子どもが多面的・多角的な考えを整理することができるように，次の二つを押さえます。

①葛藤する気持ちが分かるように，二つの選択肢や気持ちを対比的に板書する。
②矢印などを用いて，登場人物の関係等を整理する。

　①の場合，資料2のAのように，黒板の左右に「路側帯を走ってもよいかどうか」についての選択肢やそれぞれの気持ちを比較できるように板書します。中央には，葛藤する場面の挿絵を提示したり，「路側帯を走ってもよい」「路側帯を走ってはいけない」どちらともに共通する思いを書いたりするとよいです。

　②の場合，資料2のBやCのように，それぞれの登場人物の挿絵を提示したり，矢印を引いたりしながら，登場人物の関係やそれぞれに対する思いを整理していきます。そうすることで，様々な登場人物の立場に立って考え，道徳的価値を一面的ではなく，様々な視点からとらえることができるのです。

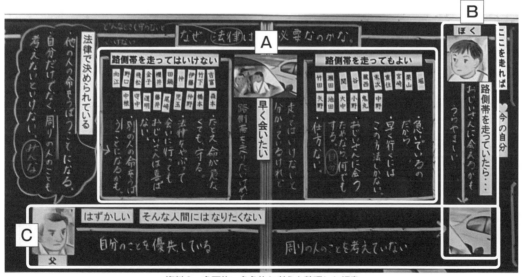

資料2　多面的・多角的な考えを整理した板書

(4) 過去・現在・未来の自分を見つめる自己評価活動

　資料3のように，導入・展開・終末段階において，これまでの自分，今の自分，これからの自分を見つめる場を設定します。これは，規則の尊重についての価値のよさを見いだし，自分の生き方についての考えを深めることができるようにするためです。終末段階においては，展開段階において見いだした今の自分の価値観を基に，これまでの自分と結んで，これからの自分を見つめさせることが大切です。

段　階		活　動	視　点
導入 （事前）	過去 （これまでの自分）	事前アンケートを実施し，体験を想起しながら，法やきまりについてのとらえを確認する。	法やきまりを守るために，どんなことを大切にしていたか。
展開	現在 （今の自分）	他者の多様な価値観を基に，法やきまりの意義やよさを考える。	なぜ，法やきまりは必要なのか。法やきまりを守るよさは，どういったものなのか。
終末	未来 （これからの自分）	自分の生活を見つめながら，本時学習のふり返りをワークシートに書く。	これから，法やきまりを守るために，どんなことを大切にしていきたいか。

資料3　各段階における自己評価活動

終末段階における自己評価活動のポイント

○ふり返りを書く場を設けよう。

　終末段階では，道徳的価値のよさを実感しながら実践意欲を高めることができるように，自らの日常生活をふり返り，経験等を含んだ「自分にしか書けない」自己評価活動にすることが大切です。本時では，資料4のように，授業前までの規則の尊重についての価値観をふり返りながら，本時の学習を通して気付いたことを基に，これからの自分の生き方を見つめることが大切です。

　また，終末段階で見つめ直した自分の価値観と，事前のアンケートや導入段階における自分の価値観を比較することが大切です。そうすることで，本時に見いだしたよりよい生き方を実感することができるからです。

資料4　本時のふり返り

6 資料

【本時のワークシート】

　まず，Aのように，二つの選択肢やその理由をどちらも書くことができるようにします。そして，どちらの考えにも共感する部分があった上で，「私は，…と思います。」と立場を明確にして，考えを整理して書きます。初めからどちらか一方を選択するのではなく，どちらの立場にも立って考えるようにすることが大切です。

　次に，Bのように，前もって発問を書いておくのではなく，「二」という数字と枠だけを書いておきます。発問を書いたまま配付すると，それに向かって話し合い，本音がなかなか出ません。子どもとのやりとりによって，「二」にあたる中心発問をしていくことが大切です。本時の場合は，「父は，どうして路側帯を走らなかったのだろうか。」という中心発問になり，それに対する考えを書くようにしました。

　最後に，Cのように，本時の学習のふり返りを書きます。本時の学習を通して気付いたことを基に，これからの自分の生き方を見つめるようにすることが大切です。

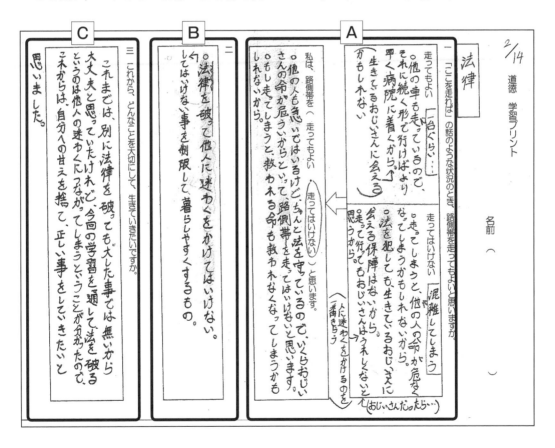

(満倉　圭)

14	総合的な学習の時間　　第6学年「食」

わたしたちと「食」
～北九州市初（発）の自まん料理はこれっちゃ!!～

1　総合的な学習の時間における自ら問い続ける子どもの姿

○生活や身近な社会（ひと・もの・こと）とのかかわりから課題を見いだし，解決の方法や
　活動のゴールの見通しをもって調べ，学びをふり返って自分の成長や改善点に気付いたり，
　新しい問いを見いだしたりして学習活動を繰り返す姿　　　　　　　　　　（学びの主体化）
○友達や教師，地域の人々などと考えを交流したり，自問自答したりして，考えを明確にし
　たり，新しい考えを生み出したりする姿　　　　　　　　　　　　　　　　（学びの協働化）
○これまでに学んだことや各教科等で身に付けた知識や技能を生かして思いついたり，実行
　したりしながら，見いだしたことの有用感を味わい，自らの生活や行動，学ぶことの意味
　やよさ，これからの自分の生き方などを考える姿　　　　　　　　　　　　（学びの深化）

2　本単元が生まれるまで

　総合的な学習の時間では，学校として目指す子どもの姿や課題を全教職員で共有してお
くことが大切です。本校では，商店街や伝統行事，それらにかかわる人材が多いという地
域の強みや，校区がないことによる子どもの「ふるさと」への愛着を育みにくいという弱
みなど，学校や子どもの実態を基に，総合的な学習の時間の全体計画を作成しています。
　6年生は，これまでの学習を通して，地域のひと・もの・ことにふれるとともに，多様
な学び方を身に付けている時期です。そこで，身に付けた学びを駆使して考えたり，これ
まで触れ合った地域のひと・もの・ことを活用したりして解決する課題を仕組みます。こ
のことは，自分の学びの価値を感じ，地域のよさを再確認する上でも大変意義があります。

3　単元の目標

〈よりよく問題を解決する資質や能力〉
○北九州市初（発）の自慢料理について，納得できる答えを探し求めようとする。
〈学び方やものの考え方〉
○北九州市初（発）の自慢料理について，多様な方法で調べることができる。
〈主体的・創造的・協同的に取り組む態度〉
○友達や地域の方の考えを受け入れながらよりよい考えをつくり出そうとする。
〈自己の生き方〉
○わが国の食文化を愛し，郷土の和食を誇れるものにしたいという思いを高め，地域の一
　員として自分たちにできることを進んで実践しようとする。

4　単元展開（総時間数　25時間）

	主な学習活動	指導上の留意点	重視する評価の規準と観点
問いをもつ・見通す	1　市制51年目を迎える北九州市の取組「北九いいと」と出会う。〔1〕 2　「北九いいと」の取組を調べ，まとめる。〔3〕 3　ALTの先生の願いを基に，学習問題を設定する。〔1〕	○北九州市は，市制50周年をすぎたにもかかわらず，合併前の旧五市でのご当地グルメや郷土料理はあっても，未だ北九州市を意識したものはない。北九州市初（発）の自慢料理への思いを高めることができるように，新しい食のブランドを考えている「北九いいと」の取組や，「友達に北九州市の名物を紹介したい。」というALTの願いと出会わせる。	○「北九州市には，どんな料理があるだろう。」「北九州市初（発）の自慢料理を決定したい。」という問題意識を高めている。 （よりよく問題を解決する資質や能力）
	〈単元を貫く問い（学習問題）〉 6Aがおすすめする北九州市初（発）の自まん料理を決定し，発信しよう。		
挑む	〈問い〉北九州市には，どのような自まん料理があるのだろう。		
	4　焼うどんや八幡餃子をつくっている人の話を聞く。〔1〕 5　北九州市内の他の料理について調べ，まとめる。〔8〕 ・ぬかみそ炊き ・焼きカレー　など	○北九州市の食を追究する意欲を高めることができるように，誇りや願いをもって郷土料理やご当地グルメをつくる人にインタビューする場を設定する。 ○北九州市初（発）の自慢料理について自分の考えをつくることができるように，インターネットなどを活用して各自で調べる場を設定する。	○北九州市の料理を調べる具体的な課題を見いだしている。 （よりよく問題を解決する資質や能力） ○インターネットや図書資料など，多様な方法を活用しながら調べている。 （主体的・創造的・協同的に取り組む態度）
	〈問い〉6Aおすすめ「北九州市初（発）の自まん料理はこれっちゃ!!」会議をしよう。		
	6　自分の推薦する北九州市初（発）の自慢料理を考える。〔2〕 7　北九州市初（発）の自慢料理を決定する。 **本時**〔1〕	○考えを焦点化することができるように，伝統的なものと新しいものに分類する。 ○自分の考えを相手に納得させようと表現しながら北九州市初（発）の自慢料理を決定することができるように，会場を巻き込んでプレゼンテーションする場を設定する。	○郷土料理もご当地グルメも北九州市への思いが同じことに気付いている。　（自己の生き方） ○よりよいものは何かと問い続け，北九州市初（発）の和食を決定している。 （主体的・創造的・協同的に取り組む態度）
生かす・広げる	〈問い〉6Aおすすめの北九州市初（発）の自まん料理を紹介しよう。		
	8　6Aおすすめの北九州市初（発）の自慢料理を紹介する方法を考え，発信する。〔8〕	○6Aが決定した北九州市初（発）の自慢料理が伝わる方法について探究していくことができるように，北九州市産業経済局食の魅力創造・発信室の方に紹介する場を設定する。	○郷土のよさを改めて感じ，大切にしていこうとする思いを高めている。　（自己の生き方）

14　総合的な学習の時間　第6学年「食」　*113*

5　単元展開のポイント

(1) 問いをもつ・見通す段階

　総合的な学習の時間の単元を計画するときには，「○○について調べよう」「△△をまとめよう」「まとめたことを発表しよう」など，単に活動の流れを計画するのではなく，子どもが探究する活動のまとまりを想定し，それらをつなげて全体の展開を思い描くことが大切です。本小単元においては，無形文化遺産に指定された『和食』がどのようなものなのかを探究し，自分たちが考える『和食』について見つめる，前小単元「６Ａの考える『和食』はこれだ‼」とのつながりを考えて構想しています。また，自分たちが考えたオリジナル自慢料理を商品化しようと，北九州市経済局や地域の方，他地域から来た方へ発信していく「わたしたちの郷土弁当販売プロジェクト」という小単元につないでいくように構想しています。

　ただし，このままでは，各小単元がつながっていきません。なぜならば，単元構想によって，各小単元の学習対象に関連性はあるものの，子どもにとっては別ものだからです。前単元の「和食」に課題意識をもっている子どもの意識が，自然と「北九州市の郷土料理」に向くことはほぼありません。そこで，これまでの子どもの興味・関心や問いを見取った上で，「ずれ」や「隔たり」を感じさせたり，対象への「あこがれ」や「可能性」を感じさせたりする工夫が必要です。

　本単元においては，地元の食材を生かした「和食」の魅力に気付いてきた子どもを見取り，北九州市の「食」の魅力を全国に発信している，産業経済局の食の魅力創造・発信室の方との出会いを仕組みます。この出会いを通して，「北九州市が五市合併をして50周年になるものの，各区（旧五市）のご当地グルメや郷土料理ばかりで，北九州市を意識したものがない」ことや「食の魅力創造・発信室の方がそのためのアイデアを求めている」ことを子どもは知りました。そして，「だったら，わたしたちが考えてみたい。」という子どもの発言を受け，「６Ａがおすすめする北九州市初の自まん料理は，どのようなものがよいだろう。」という問いを見いだしました。

▶問いをもつ・見通す段階におけるポイント　〔1／25時目〕

○子どもの興味・関心や家庭や地域の魅力をとらえる二つのアンテナを磨きましょう。

　総合的な学習の時間では，子どもの意識の流れを考え，課題解決の順序を想定しながら，計画を立てる必要があります。その上で，目の前の子どもがどのようなことに興味をもち，関心を高めているのかをとらえておくことはとても大切です。そのために，学習の振り返りや日記，保護者などから子どもの情報を集めたり，休み時間や給食時間などの日頃の会話を通して無自覚な子どもの興味・関心を自覚させたりしましょう。

　子どもの興味・関心をとらえておくことと並行して，学習材への深い研究を進めていくことが肝心です。そのためには，教師自身が学習材にかかわる「ひと・もの・こと」とふれ合い，その魅力をとらえておくことが大切です。子どもの生活の場に積極的に足を運び，価値ある学びの内容を調査・研究し，整理しておきましょう。

(2) 挑む段階

　総合的な学習の時間の目標を実現するには，課題の設定→情報の収集→整理・分析→まとめ・表現といった学習活動を発展的に繰り返していくような探究的な学習のプロセスが重要です。

　挑む段階では，「６Ａがおすすめする北九州市初の自まん料理は，どのようなものがよいだろう。」という問いを解決するために，「そもそも北九州市には，どのような自慢料理があるのか調べたい。」「調べたことを基に，自分たちで考えた自慢料理の中から一つに絞りたい。」という子どもの思いや願いを基に課題を設定し，それらの解決を図っていきます。

　まずは，情報の収集です。情報の収集活動では，これまでの学びや各教科等で身に付けた知識や技能を発揮することができるようにします。そのために，教師は前もってどのような活動をするのかを予測し，準備することが必要です。例えば，資料１のように実際に電話でインタビューをすることが予測できます。または，各自で資料をもち寄る活動や実際に焼うどんやじんだ煮をつくっている人を訪問するといった活動も考えられるでしょう。そこで，先方に学習の内容や子どもの質問等を事前に知らせてお願いしておく，子どもが自力で資料を入手できそうな場所を伝える，保護者への協力をお願いしておくなどします。

資料１　電話でインタビューをする子ども

　また，収集した情報を適切に蓄積しておくことが，その後の探究活動を深める上でも大切です。例えば，クリアファイルやノートを所持させ，どんな情報でも，集めたらすぐに，ファイルに入れておいたり，ノートにまとめたりしておくことを約束しておくと，子ども自身で蓄積していくことができます。

> **挑む段階におけるポイント①**　〔6／25時目〕
> ○各教科等との関連を図りましょう。
> 　情報の収集では，各教科等で身に付けた知識や技能を生かすことで，よりたくさんの情報を収集し，より正確に蓄積できます。例えば，国語科のインタビューの学習を生かして地域の人から情報を集めること，社会科の資料活用の学習を生かして必要な資料を集め，比較すること，算数科の情報処理の学習を生かして，集めた情報を数値化したり，グラフに表したりすることなどが考えられます。

　次に，整理・分析です。収集した情報は，そのままではつながりのないものです。そこで，資料２のように，それらを比較したり，分類したり，関連付けたりして情報を整理し，課題に対する自分の考えをつくっていきます。このとき，友達といっしょにそれぞれが収集した異なる情報を出し合ったり，考えを交流したりすることが，自分の考えを深めることにつながります。

資料2　各自で集めた情報を比較し，考え合う子どもとその後整理したK児のノート

　続いて，まとめ・表現です。情報の整理・分析を行った後，それを他者に伝えたり，自分自身の考えとしてまとめたりする学習を行います。このとき，まとめたことを発表するだけではなく，相手意識や目的意識を明確にしてまとめたり，表現したりすることが大切です。また，ここでも各教科等で身に付けた知識や技能を生かし，多様な表現方法を積極的に活用させることが大事です。

　本小単元では，各地方からたくさんの人が集まる研究発表会という機会を生かし，クラスとして北九州市初（発）の自慢料理を一つに決定することができるように，会場を巻き込んでプレゼンテーションします。

挑む段階におけるポイント②　〔15・16／25時目〕
○子どもが没頭する手だてを仕組みましょう。
　　総合的な学習の時間では，初めの課題意識がとても大切なことは先に述べました。しかし，課題意識や探究意欲を継続するためには，整理・分析やまとめ・表現における手だてが必要不可欠です。例えば，考えの同じグループに企業名をつけ，企画会議を設定することや，それらの企画会議は別室で行うことができるようにすると，自分事として考える意識が高まります。

---

(3) 生かす・広げる段階

　先にも述べたように，総合的な学習の時間では，探究的な学習が繰り返されていくことが大切です。そのためには，まとめ・表現した後，そこからまた新たな課題を見つけ，さらなる問題の解決を始めることができるようにすることが必要です。

　本小単元では，新たな課題を見つけ，次の小単元につなげていくことができるように，6Aが決定した北九州市初（発）の自慢料理を北九州市産業経済局食の魅力創造・発信室の方に紹介する活動を行います。ただし，ここで満足して終わらないように，子どもの発想のよさを認めた上で，発表の内容や方法に不十分な点があることを指摘していただくようにします。

生かす・広げる段階におけるポイント　〔25／25時目〕
○ふり返りを効果的に位置付けよう。
　　ふり返りにおいては，自分の学びを意味付け，次の学びへと向かうために，言葉で学習したことを整理し，表現する学習活動を意識することが必要です。そのために，学習ごと，単元ごと，場合によっては，学習の途中で位置付け，見通したことを確かめられるようにしましょう。

6 本時の展開 (25時間扱いの17時間目)

(1) 主 眼

「北九州市初（発）の自慢料理はこれっちゃ!!」会議を通して，6Aの自慢料理を決定し，郷土北九州市のよさを再発見することができるようにする。

(2) 準 備

アピールするために必要なもの（各自で準備）

(3) 展 開

学習活動と子どもの意識	指導上の留意点（○）と評価（※）
1 本時学習のめあてをつかむ。 私たち北九州市今昔グルメカンパニーでは，北九州市に古くから伝わる郷土料理と，今新しく盛り上がっているご当地グルメのセットを考えたよ。北九州市の自慢料理を，絶対にこれで決定したいな。	○子どもはこれまでに，郷土料理とご当地グルメを比べて，自分なりの北九州市初（発）の自慢料理について考えをまとめている。そこで，それらの意見を交流したいという思いを高めることができるように，「初めて北九州市に観光に来た人に，1食分の食事として提供するもの。」という条件を再確認する。
決定!!「北九州市初（発）の自まん料理はこれっちゃ!!」会議	
2 グループのよさアピールし，どれがよいかを話し合う。 ○一汁三菜「和食」グループ ○北九州B1グルメ定食グループ ○北九州市今昔セットグループ ○これっちゃ弁当グループ ○五市を味わう一皿グループ ○美味素材盛り合わせグループ　など	○北九州市のふるさとの味について考えを再構成していくことできるように，以下のアピールする相手を確認し，考えを90秒CMにしてプレゼンテーションする場を設定する。 「北九いいと」の方：旧五市を超えて一つにまとまった，北九州グルメとしてふさわしいものはどれか。（5点） ALT：来北したイギリスの友達に推薦する自慢料理を選ぶ。（5点） 会場の先生方：一番感銘をうけたグループに一人1点の票を入れていただく。
3 話し合ったことを基に，会場の先生方やGTからの意見を聞く。 (1) 話し合ったことを基に先生方に票を入れてもらう。 みなさんは，全国餃子サミットが北九州市で開催されていることを知っていますか。今九州市では餃子が熱いです。だから，餃子は入れるべきだと思いませんか。 (2) ALTの先生，「北九いいと」の方に票を入れてもらう。 (3) 投票結果を基に，話し合う。 ○○グループが勝ちました。確かに，○○グループもいいけど，△△くんのいっていた内容と合わせるとよりよいと思います。 4 北九州市初（発）の和食を決定し，話合いをふり返る。 ○○くんの考えを聞いて，北九州市を元気にする取組が伝統になれば，北九州市初（発）としてふさわしいと思いました。	○自分の考えを分かりやすく伝えることができるように，試食やパフォーマンス，紹介VTRなど，具体的に発表することができるようにしておく。 ○子どもの追究意欲を高め，自分の考えを相手に納得させようと表現しながら北九州市初（発）の和食を決定することができるように，研究会参加の先生方の意見で多い方に一票入れることを確認し，会場を巻き込んでアピールする場を設定する。その後，ALTのガイ先生と「北九いいと」の菊池さんにも一票ずつ入れていただく。 ○優劣を決めるのではなく，6Aとしての自慢料理として，よりよいものを考えていくことができるように，設定した条件を基にみんなが納得できるように話し合う，合意形成の場を設定する。 ※北九州市初（発）の和食としてよりふさわしいものは何かと問い続け，相手に納得させようと表現しながら，6Aとしての北九州市初（発）の自慢料理を決定し，北九州市のよさを再発見している。

7　本時の展開のポイント

○自分の考えに思いをもって伝え合い，郷土のよさを再発見する活動の設定

　「北九州市初（発）の自慢料理」には，正解がありません。いってみれば，どれもよいのです。しかし，それでは各グループのアイデアを聞いて終わりです。そこで，正解はないけれども，クラスとしてこれがいいのではないかという最善解や納得解を見いだしていくことができるように，「初めて北九州市に観光に来た人に，一食分の食事として提供するのにふさわしいものを決める」という目的や「『北九いいと』の方，ALT，会場の先生方（研究発表参加者）」といった相手を明確にします。

　また，考えを練り合う前に，各グループのアイデアを共有しておくことが大切です。そこで，自分のチームの企画書を資料3のように一枚の画用紙にまとめ提示します。

　しかし，アピールの段階でだらだらと表現していては，どれにするかを話し合う活動まで行き着きません。そこで，自分のアイデアを90秒で端的にまとめてアピ

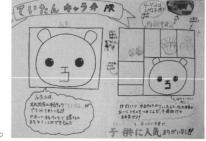

資料3　グループのアイデアをまとめた企画書

ールする活動を設定します。その際，多様な表現方法にふれることができるように，本時前の個別の企画会議の中で子どもから引き出したり，教師から提案したりしておくことも大切です。本時においては，資料4のような方法で表現しました。

　このように，自分の考えや表現方法にこだわり，アピールし合うことを通して，資料5のように，「食」を通した，北九州市の新たな魅力を再発見したり，郷土こくらのよさを再認識したりしていきました。

資料4　多様な表現方法でアピールする子ども

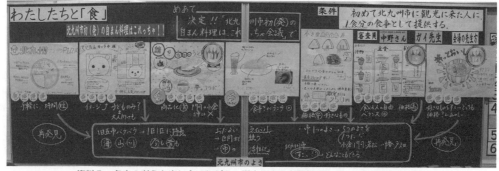

資料5　各自の考えを出し合いながら，郷土のよさを再発見していった学習後の板書

8 資料

【企画書をまとめるために探究した際の「ていたんキャラ弁隊」の子どものノート】

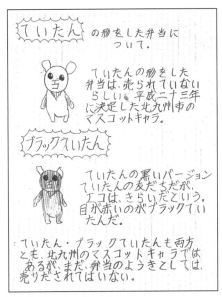

　総合的な学習の時間においては，探究的な学習のプロセスを連続させるサイクルを生み出すことが大切です。このサイクルは，単元レベルの大きなサイクルや挑む段階で述べたようなサイクルなど様々な規模があります。上の資料のように，個人でサイクルを回すこともあります。この子どもは，資料3の「ていたんキャラ弁隊」の子どもです。企画書をまとめるために，パッケージのデザインや弁当のおかずとしてどのようなものがふさわしいかという課題を設定し，身近なお店や市のマスコットキャラクターの情報を収集し，それらを整理・分析しています。いずれにしても，このような探究のサイクルを生み出すことが「問い続ける」ということなのです。

　そのためには，これまでに述べた手だてに加えて，下図のように座席表を活用して，一人一人の子どもの問題意識（課題）や探究の様相等の学習状況を教師が見取っておくこと

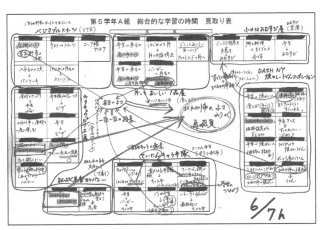

が大事です。このことにより，個々の姿や困り感に即して，学級全体や個別の手だてを講じることができます。また，これを基に，本時で目指す子どもの姿を想定し，それと子どもの学習状況とを照らし合わせて，子ども一人一人が前の学びからどのように成長しているのかということをとらえて評価することも重要です。

(松本　稔)

14　総合的な学習の時間　第6学年「食」　119

| 15 | 外国語活動　　第3学年「話すこと【やり取り】」 |

英語で出し合おう
～自分の好きな漢字クイズ～

1　外国語活動における自ら問い続ける子どもの姿

○主体的にコミュニケーションを図ろうと，自ら問いを見いだし，活動の見通しをもって言語活動に取り組んだり，自分の学びをふり返ったりする姿　　　　　　　　（学びの主体化）
○共感などしながら，言葉のおもしろさに気付いたり，仲間とともに相手意識をもったコミュニケーションを進んでつくり出したりしている姿　　　　　　　　　　　（学びの協働化）
○コミュニケーションを行う目的や場面，状況に応じて，必要な英語表現や語句に慣れ親しんだり，伝え方を考えたりして，コミュニケーションを図る姿　　　　　　（学びの深化）

2　本単元が生まれるまで

　外国語活動を初めて行う3年生の子どもにとって，英語を使ってコミュニケーションを図ることが初めての体験となります。そのような子どもが，英語を使ってコミュニケーションを図るためには，「英語で○○（相手）に◎◎（内容）を伝えたい。」という思いをもつことができるようにすることが大切です。そこで，新教材（Let's Try! 1 Unit3）の最後の活動「友達に好きな漢字を紹介しよう」と国語科で学習した「漢字の音と訓」の内容を関連付けます。自分の好きな漢字をクイズ形式にすることで，内容が個々で違うであろうと考えられるため，インフォメーション・ギャップが生じます。また，好きな漢字の音と訓の読み方が，クイズのヒントと成り得るため，より簡易な英語でコミュニケーションを図ることができます。これらのことは，英語で楽しくコミュニケーションを図ることにつながっていきます。

3　単元の目標

〈コミュニケーションへの関心・意欲・態度〉
○「友達や ALT と好きな漢字クイズを出し合いたい。」という思いをもち，進んで好きな漢字クイズを出し合おうとする。

〈外国語への慣れ親しみ〉
○好きな漢字クイズを出し合うために，必要な英語表現や語句を聞いたり言ったり，英語の音声と意味を結び付けて考えたりすることができる。

〈言語や文化に関する気付き〉
○日本語と外国の数え方の違いから，多様な考え方があることや漢字には様々な読み方があることに気付く。

120　Ⅱ　実践編

４　単元展開（総時間数　７時間）

	主な学習活動	指導上の留意点	重視する評価の規準と観点
問いをもつ・見通す	1　本単元を設定する。〔1〕	○「ALT や友達に好きな漢字クイズを出し合いたい。」という思いを喚起することができるように，以下の活動を設定する。 ① ALT が作成した「好きな漢字クイズ」に挑戦する活動。 ②「みんなの好きな漢字を教えてほしい。」など，ALT からの切なる要請を伝える VTR を視聴する活動。	○「ALT や友達に好きな漢字クイズを出したい。」という思いをもち，学習問題をつくっている。 （コミュニケーションへの関心・意欲・態度）
	〈単元を貫く問い（学習問題）〉 ガイ先生や友達と英語で好きな漢字クイズを出し合おう。		
挑　　む	〈問い〉「好きな漢字クイズ」をつくり，必要な英語を考えよう。		
	2　好きな漢字クイズをつくり，必要な言葉を明らかにする。　〔1〕	○必要な言葉を明らかにすることができるように，どのような言葉をどのような順序で構成したらよいかを話し合う活動を設定する。	○漢字には様々な読み方があることに気付いている。 （言語や文化に関する気付き） ○好きな漢字クイズを出し合うためのやり取りを考え，必要な言葉を明らかにしている。 （コミュニケーションへの関心・意欲・態度）
	〈問い〉必要な英語を言えるようになろう。		
	3　必要な英語表現や語句，それを使ったやり取りに慣れ親しむ。〔3〕 (1)　必要な英語を聞いたり，言ったりする。 （1〜2／3）	○必要な英語表現や語句に慣れ親しむことができるように，「聞くこと」から「話すこと」へと段階的に活動を設定する。	○必要な英語表現や語句を聞いたり，話したりして慣れ親しんでいる。 （外国語への慣れ親しみ） ○日本語と外国の数の数え方の違いから，多様な考え方があることに気付いている。 （言語や文化に関する気付き）
	〈問い〉言えるようになった英語を使って，友達と好きな漢字クイズを出し合おう。		
	(2)　友達どうしで好きな漢字クイズを出し合う。 本時（3／3）	○英語のやり取りに慣れ親しむとともに，よりよい出し方を見いだすことができるように，友達どうしで好きな漢字クイズを出し合う活動を設定する。	○好きな漢字クイズを出し合う英語のやり取りに慣れ親しんでいる。 （外国語への慣れ親しみ） ○次時の ALT との交流活動で生かす内容を明らかにしている。 （コミュニケーションへの関心・意欲・態度）
生かす・広げる	〈問い〉英語で ALT に好きな漢字クイズを出そう。		
	4　これまでの準備を生かし，ALT に好きな漢字クイズを出す。〔2〕	○学びの深まりを実感することができるように，「できるようになったこと」「楽しかったこと」の二つの視点からふり返る。	○これまでの準備を生かして，ALT に好きな漢字クイズを出している。 （コミュニケーションへの関心・意欲・態度）

15　外国語活動　第3学年「話すこと【やり取り】」　*121*

5 単元展開のポイント

(1) 問いをもつ・見通す段階

　外国語活動が始まったばかりの子どもが，母語ではない英語を使ってコミュニケーションを図るために，大切なことは，子どもが「英語で○○（相手）に◎◎（内容）を伝えたい。」という気持ちになることです。そのためには，この段階で，「ALTや友達と英語で好きな漢字クイズを出し合いたい。」という気持ちになるための手だてが必要です。

　まずは，「好きな漢字クイズ」に興味をもつことができるように，教室の背面に外国語活動コーナーをつくり，資料1のような資料を掲示しておきます。

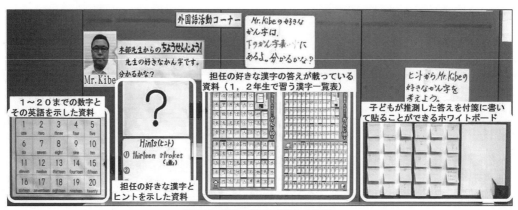

資料1　教室の背面に掲示した資料

　次に，指導者が実際に英語で好きな漢字クイズを出します。子どもは，そのヒントから答えを推測し，答えをホワイトボードに書きます。そして，指導者は，正解となる漢字とその漢字が好きな理由を伝えます。すると，「画数や音読み，訓読みでヒントを出すと，簡単な英語でヒントを出せるし，相手の好きな漢字や好きな理由が分かっておもしろいから，私も好きな漢字クイズを出し合いたい。」などの子どもの発言が聞かれました。

　そして，資料2のように，ALTが作成した好きな漢字クイズと好きな漢字を教えてほしいといった内容のVTRを見せます。

資料2　ALTからのVTRレターの内容

　すると，「ガイ先生（本校ALTの名前）が『好きな漢字を教えてほしい。』と言っていたから，英語でヒントを言いながら，みんなで好きな漢字クイズを出し合うと楽しいと思う。」や「わたしは，画数や音読み，訓読みをヒントにして好きな漢字クイズをつくり，ガイ先生に出したいと思いました。」などの発言が聞かれました。このように，「ALTや

友達」という相手,「自分の好きな漢字クイズを英語で出し合う」という内容を明確にすることができ,コミュニケーションへの意欲を高めることができます。

> **問いをもつ・見通す段階におけるポイント** 〔1／7時目〕
> ①他の教科等で学習したことを生かして,子どもの興味・関心に合った題材を考えよう。
> 　　母語ではない英語を使って,コミュニケーションを図る学習です。だからこそ,子どもが「コミュニケーションを図りたい。」と思うような,興味・関心のある題材を日頃から考えておくことが大切です。
> ②題材への興味・関心を高めるための資料は,単元に入る一週間前に掲示しておこう。
> 　　単元の導入で,初めて出会う題材を提示しても,なかなか子どもの興味・関心は高まりません。単元に入る一週間くらい前に,「外国語活動コーナーをつくって掲示しておく」など,少しの工夫で子どもたちは題材に対して興味・関心をもつことができます。

(2) 挑む段階

挑む段階は,好きな漢字クイズを出し合うために必要な英語表現や語句,そして,それを使ったやり取りに慣れ親しむこと,相手意識をもった出し方を見いだすことができるようにする段階です。まずは,資料3のように,必要な英語表現や語句に慣れ親しむことができるように活動を設定していきます。

資料3　必要な英語表現や語句に慣れ親しむ子ども

> **挑む段階におけるポイント**
> ①英語表現や語句に無理なく慣れ親しむことができるように,「聞くことを中心とした活動」から「話すことを中心とした活動」へと段階的に設定しよう。　〔3～4／7時目〕
> 　　英語表現や語句に無理なく慣れ親しむことができるように,まずは,歌やチャンツ,カルタ,キーワードゲーム,おはじきゲームなど,聞くことを中心とした活動を行うようにしましょう。何度も英語表現や語句を聞くことができるように,活動の内容を変えながら行うことで,言語に関する気付きを促すだけでなく,音声とその意味を結び付けることができるようになってきます。
> 　　聞くことに慣れ親しむことができたら,話すことを中心とした活動を行いましょう。歌やチャンツ,神経衰弱ゲーム,ミッシングゲーム,すごろくゲームなど,子どもがたくさん発話できるように活動を意図的に行うとよいです。くれぐれも,指導者が発音した後に何度も繰り返すなどの反復練習のみにならないように気をつけましょう。また,音声を聞いてその意味を結び付けたり,発話したりしていることを称賛し,全体でよさを共有できるようにしましょう。

次に，実際に友達と好きな漢字クイズを出し合う試しの活動を行います。そして，必要な英語表現や語句を使ったやり取りに慣れ親しむとともに，よりよい出し方を見いだすことができるようにします。

> **挑む段階におけるポイント**
> ②試しの活動を設定しよう。　〔5／7時目〕
> 　子どもは，必要な英語表現や語句の一つ一つに慣れ親しんできました。そこで，実際に友達と好きな漢字クイズを出し合う試しの活動を行います。試しの活動で大切なことは次の二点です。
> ○楽しみながら，英語を使ったやり取りに慣れ親しむこと。
> ○見つけた自分や友達のよさと課題を共有すること。
> 　そのために指導者は，好きな漢字クイズを出し合う活動中に，「英語の発音に気を付けながらやり取りをしている子ども」「反応を示している子ども」などを見取ります。そして，発音を意識している子どもには，"Good pronunciation." と称賛するなど，個に応じた声かけを行います。すると，子どもは，英語のやり取りに慣れ親しむとともに，自分や友達のよさや課題が何かを見つけていきます。そして，見つけたよさや課題を話し合ってよさを共有したり，課題を解決したりするための方法を見いだすことができます。

(3) 生かす・広げる段階

　子どもは，「ALTや友達と英語で好きな漢字クイズを出し合いたい。」という思いをもち続け，好きな漢字クイズを出し合うために必要な英語表現や語句，また，それを使ったやり取りに慣れ親しむことができました。そのような子どもは，「早くALTに好きな漢字クイズを出したい。」という気持ちになっているでしょう。そこで，生かす・広げる段階では，慣れ親しんだ英語表現や語句を使って，ALTに好き

資料4　ALTに好きな漢字クイズを出す子ども

な漢字クイズを出す活動を行います。子どもは，資料4のように，慣れ親しんだ英語表現や語句を使いながら，ALTとコミュニケーションを図ります。

> **生かす・広げる段階におけるポイント**　〔7／7時目〕
> ○実際にALTとコミュニケーションを図る活動を行おう。
> 　慣れ親しんだ英語を使って，実際にコミュニケーションを図る活動を行うことで，「相手に分かってもらえてうれしい。」「もっと英語でコミュニケーションを図りたい。」といったコミュニケーションの楽しさを味わうことにつながっていきます。その楽しさを積み重ねていくことで，英語でコミュニケーションを図ろうとする主体的な態度が形成されていきます。

6 本時の展開 （7時間扱いの5時間目）

(1) 主 眼

"How many strokes?" "～ strokes." "This kanji is reading ～." などの英語表現や1～20までの英語を使って，チャンツをしたり，友達と好きな漢字クイズを出し合ったり，好きな漢字クイズを出し合って見つけたよさと課題を話し合ったりする活動を通して，英語でのやり取りに慣れ親しむとともに，ALTとの交流活動で生かす内容を明らかにすることができるようにする。

(2) 準 備

学びのあしあと，好きな漢字クイズ，ホワイトボード（一人1枚ずつ），ふり返りシート

(3) 展 開

学習活動と子どもの意識	指導上の留意点（○）と評価（※）
1　本時の活動のめあてを確認する。 　"How many strokes?" "～ strokes." "This kanji is reading ～." や1～20までの数の英語は言えるようになったよ。だから，今日は友達と好きな漢字クイズを出し合いたいな。	○子どもはこれまでに，好きな漢字クイズを出し合うために必要な英語表現や数の言い方に慣れ親しんでいる。そのような子どもが，本時の活動のめあてを明確にもち，解決までの見通しをもつことができるように，前時の終末で焦点化した問いが何かを確認する。

　　　　友達と英語で好きな漢字クイズを出し合い，ガイ先生との交流の準備をしよう。

| 2　慣れ親しんだ英語表現や1～20までの数の言い方を確認し，それを使って，友達と英語で好きな漢字クイズを出し合う。
(1) 好きな漢字クイズを出し合うために必要な英語表現や1～20までの数の言い方を確認する。
(2) 友達と好きな漢字クイズを出し合う。 | ○やり取りに必要な英語の言い方を確認することができるように，チャンツの活動を設定する。 |

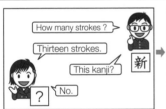  

○学習活動2(1)で確認した英語表現や1～20までの数を使いながら，好きな漢字クイズを出し合うやり取りに慣れ親しむことができるように，「英語の発音の仕方」「伝え方の工夫（目線や相手の反応を見る等）」を視点に机間指導を行い，助言や称賛をする。
※好きな漢字クイズを出し合うために必要な英語表現や1～20までの数を使ったやり取りに慣れ親しんでいる。

| 3　好きな漢字クイズを出し合って見つけたよさや課題を話し合う。
 | ○次時のALTとの交流活動の際に生かすべき内容を明らかにすることができるように，学習活動2(2)で行った活動を基に，よさと課題を見いだす話合いを設定する。
※ALTとの交流活動で生かす内容を明らかにしている。 |
| 4　本時の活動をふり返り，次時の活動のめあてをつかむ。 | ○次時の活動の問いを見いだすことができるように，本時の活動で見いだしたよさや課題を基に，どのようにクイズを出すか，考える場を設定する。 |

15　外国語活動　第3学年「話すこと【やり取り】」　125

7　本時の展開のポイント

〇より相手に伝わる方法を見いだす学び合い

　より相手に伝わる出し方を見いだすことができるように，以下の活動を行います。

> (1) 友達と好きな漢字クイズを出し合う活動　　　　　　　　　　　　　　（学習活動　2(2)）
> (2) (1)の活動で見つけたよさや課題を共有する話し合い活動　　　　　　（学習活動　3）

(1) 友達と好きな漢字クイズを出し合う活動について

資料5　友達と好きな漢字クイズを出し合う子ども

　資料5のように，友達と好きな漢字クイズを出し合う活動を行う子どもに，指導者が机間指導を行います。そして，「英語の発音に気を付けながらやり取りをしている子ども」「反応を示している子ども」の二つの視点で子どもを見取っていきます。二つの視点で見取った子どもに，"Nice eye contact" や "Good pronunciation." などと称賛します。また，やり取りに戸惑いを感じている子どもがいたら，"How many strakes?" と一緒に言ったり，言い方の見本を見せたりするなど，必要に応じて個別に助言します。すると，子どもは，英語のやり取りに慣れ親しみながら，自分や友達のよさや課題が何かを見つけていきます。

(2) よさや課題を共有する話し合い活動について

　(1)の活動を通して，「どのようなところがよかったか」「どのようなところに困ったか」という二つの視点で話し合います。4人グループとなり，「出し合う→比べる→まとめる」の手順を踏みながら，よさや課題をホワイトボードに整理していきます。考えをホワイトボードに整理することで，友達の考えが分かるだけではなく，自分の考えと比べながら話し合いを行うことができます。

　その後，グループでまとめたホワイトボードを全て黒板に掲示し，それぞれの考えを比べながら，「課題を改善するためにはどうすればよいか」という視点で，グループで話し合います。そして，グループで話し合ったことを基に，全体で話し合っていきます。

　このような学び合いを設定することで，英語でのやり取りに慣れ親しみながら，自分や友達のよさをより具体的にしたり，より相手意識をもったクイズの出し方を見つけたりすることができます。これらのことで，「自分は〇〇に気を付けながら，ALTにクイズを出したい。」などという気持ちを継続してもつことにつながります。

8 資料

【自分の好きな漢字クイズを作成するときに活用したワークシート（2／7時目）】

 1，2年生の漢字一覧表を見ながら，自分の好きな漢字を決めます。そして，ヒントとなる「画数」「読み方」を整理するとともに，「その漢字が好きな理由」を簡単にまとめます。このように整理をすることで，「どのような内容を伝えるとよいか」が明らかになります。

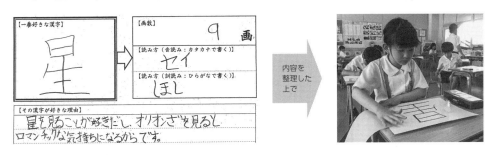

【必要な英語表現や語句を使って作成したすごろくゲームの内容（4／7時目）】

 「話すこと中心とした活動」で活用したすごろくゲームです。じゃんけんをして，グーで勝ったら1マス，チョキで勝ったら2マス，パーで勝ったら3マス進み，そこに書かれてあるお題の英語を発話していくゲームです。このすごろくゲームは，楽しみながら何度も必要な英語表現や語句を発話したり，友達の発音をしっかりと聞いたりすることにつながります。

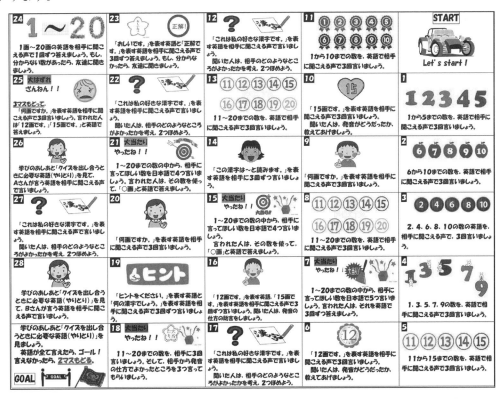

（木部健二）

16 外国語科　第6学年「話すこと【発表】」

英語で紹介しよう
～北九州市のおすすめ～

1　外国語科における自ら問い続ける子どもの姿

○主体的にコミュニケーションを図ろうと，自ら問いを見いだし，活動の見通しをもって言語活動に取り組んだり，自らの学びをふり返ったりする姿　　　　　　　　（学びの主体化）
○共感，納得などしながら，言葉の仕組みに気付いたり，仲間とともに相手意識をもったコミュニケーションを進んでつくり出したりしている姿　　　　　　　　　　（学びの協働化）
○言語の働きや役割を理解したり，音声，語彙・表現，文法の知識を習得したりし，それらを実際のコミュニケーションで活用している姿　　　　　　　　　　　　　　（学びの深化）

2　本単元が生まれるまで

　外国語科では，中学年で行ってきた「聞くこと」「話すこと［やり取り］」「話すこと［発表］」の三つの領域の言語活動に加え，「読むこと」「書くこと」の領域の言語活動が入ってきます。子どもが「読んでみたい。」「書いてみたい。」という思いをもって「読むこと」「書くこと」の言語活動を行うことが重要です。そこで，1学期に総合的な学習の時間で学習した「こくらのよさ」を題材にし，写真と英語で書いた文を使ってパンフレットをつくって，ALTに紹介する活動を設定します。すると，ALTと子どもとの間にインフォメーションギャップが生じます。また，「パンフレットをつくる」という活動を行うことで，英語を書くことへの目的が生まれます。さらに，書いた英語を生かし，推測しながら読むことにもつなげることができます。これらのことは，子どもが「伝えたい。」という思いをもって言語活動を行うこと，主体的にコミュニケーションを図ることにつながっていきます。

3　単元の目標

〈コミュニケーションへの関心・意欲・態度〉
○ALTに北九州市のおすすめを紹介することに意欲をもち，進んで伝えようとする。
〈外国語への慣れ親しみ〉
○英語表現や語句を聞いて意味を理解したり，発音したりすることができる。
○必要な英語表現や語句を見ながら，読んだり書いたりする。
〈言語や文化に関する気付き〉
○日本語と英語のリズムの共通点や差異点があることに気付く。
○単語と単語の間にスペースをとったり，語順の違いがあったりすることに気付く。

4 単元展開 （総時間数 8時間）

	主な学習活動	指導上の留意点	重視する評価の規準と観点
問いをもつ・見通す	1 本単元を設定する。〔1〕	○「ALTに北九州市のおすすめを伝えたい。」という思いを喚起することができるように，以下の二つの活動を設定する。 ① ALTの要請VTR（「冬休みに友達が来るから北九州市を案内したい。だから，北九州市のおすすめ〔食べ物や観光する場所，景色など〕を教えてほしい。」といった内容）を視聴する活動。 ②①を視聴し，グループで話の内容を推測し，まとめる活動。	○「ガイ先生に北九州市のおすすめを伝えたい。」という思いをもち，学習問題をつくっている。 （コミュニケーションへの関心・意欲・態度）
	〈単元を貫く問い（学習問題）〉 ガイ先生に英語で北九州市のおすすめを紹介しよう。		
挑む	〈問い〉ガイ先生におすすめする内容を決め，必要な言葉を明らかにしよう。		
	2 おすすめする内容を伝えるために必要な言葉を考える。〔1〕	○どのような内容にすればよいか考えることができるように，「食べ物」を例にして作成した内容モデルを掲示する。 ○簡単な英語で紹介することができるように，伝えたい内容をできるだけ簡単な日本語で書くよう助言する。	○「ガイ先生におすすめを伝えたい。」という思いをもって内容を考えている。 （コミュニケーションへの関心・意欲・態度）
	〈問い〉必要な英語表現や語句が言えるようになろう。		
	3 必要な英語表現や語句の言い方に慣れ親しむ。〔2〕	○必要な英語表現や語句の音声に慣れ親しむことができるように，「聞くことを中心とした活動」から「話すこと中心とした活動」を設定する。	○音声を聞いて意味を理解したり，発音したりできている。 （外国語への慣れ親しみ）
	〈問い〉おすすめする内容が伝わるパンフレットをつくろう。		
	4 例文を見ながら，必要な英語表現や語句を書いてパンフレットをつくる。 本時〔1〕	○おすすめする内容が伝わるパンフレットを作成できるように，「食べ物」を例にして作成したパンフレットモデルを掲示する。 ○必要な英語表現や語句を書き写すことができるように，拡大した4線短冊に英語を書いて掲示する。	○単語と単語の間にスペースをとったり，語順の違いがあったりすることに気付いている。 （言語や文化に関する気付き） ○例文を見ながら，英語を読んだり，書き写したりしている。 （外国語への慣れ親しみ）
	〈問い〉ガイ先生に分かりやすく紹介するための方法を考えよう。		
	5 相手を意識した紹介の仕方を考える。〔1〕	○相手を意識した紹介の仕方を考えることができるように，タブレット端末で紹介しているところを撮影し，それを見ながら話し合う活動を設定する。	○相手を意識した紹介の仕方を考えている。 （コミュニケーションへの関心・意欲・態度）
生かす・広げる	〈問い〉ガイ先生に北九州市のおすすめを紹介しよう。		
	6 これまでの準備を生かし，ALTに北九州市のおすすめを紹介する。〔2〕	○学びの深まりを実感することができるように，「何ができるようになったか。」「何が分かったか。」の二つの視点からふり返る場を設定する。	○これまでの準備を生かして，ALTに北九州市のおすすめを伝えている。 （コミュニケーションへの関心・意欲・態度）

16 外国語科 第6学年「話すこと【発表】」 *129*

5　単元展開のポイント

(1) 問いをもつ・見通す段階

　問いをもつ・見通す段階では，「ALT に北九州市のおすすめを紹介したい。」という思いをもつための手だてが必要です。まずは，「おすすめの内容が分かる写真」と「それを説明した簡単な英語」を交えて，北九州市のおすすめを紹介するパンフレットを教師が作成し，教室の背面に掲示しておきます。すると，子どもは「○○は，甘いし，ふわふわしていておいしいよね。」や「焼きカレーや焼きうどんは，北九州市が発祥だよ。実際に食べたことがあるけど，とてもおいしかったよ。」などと，友達と話していました。

　次に，資料1のように，ALT が子どもにお願いする内容の VTR を見せます。具体的には，「友達が（ALT の母国から）遊びに来るから，北九州市を案内したい。だから，北九州市のおすすめ（食べ物や観光する場所など）を教えてほしい。」という内容です。

資料1　ALT が子どもにお願いする VTR の内容

　VTR を見せた後，内容を共有します。そして，共有した内容を基に，どのような活動を行っていきたいかを学級で話し合います。すると，子どもは「ガイ先生に北九州市のおすすめを伝えたい。そして，ガイ先生の友達にも北九州市のよさを知ってもらいたい。」や「先生が書いたもの（教師が作成したパンフレット）を私たちもつくって紹介し，それをガイ先生に渡したら，いつでも見ることができると思う。」などと発言していました。子どもの発言を整理しながら，「ガイ先生に英語で北九州市のおすすめを紹介しよう。」という学習問題をつくっていきます。このように，「ALT」という相手に，「北九州市のおすすめを紹介する」という内容を，「音声だけでなく，パンフレットをつくって紹介する」という方法を生み出すことができます。

　その後，学習問題を解決していくために，「何ができるようになればよいか」「そのために，どのような活動を行う必要があるか」などを考え，活動計画を立てていきます。

問いをもつ・見通す段階におけるポイント

○他の教科等で学習したことを生かして，子どもの興味・関心に合った題材を考えよう。
○題材への興味・関心を高めるための資料は，単元に入る一週間前に掲示しておこう。
（※二つのポイントの詳細は，本書 p.123 の外国語活動の「問いをもつ・見通す段階におけるポイント」を参照してください。）

(2) 挑む段階

挑む段階は，次のような目的を果たすことができるように，活動を行います。

①必要な英語表現や語句を聞くことができる。
②聞くことに慣れ親しんだ英語表現や語句を話すことができる。
③例文を基に，必要な英語表現や語句を書いて，パンフレットを作成する。
④より相手に伝わる紹介の仕方を考えることができる。

①の目的を果たすことができるように，ALTの発音を聞いたり，英語の音声と絵や意味を結び付けたりするカルタなどの活動を行います。

②の目的を果たすことができるように，じゃんけんをして，グーで勝ったら1マス，チョキで勝ったら2マス，パーで勝ったら3マス進み，そこに書かれてあるお題の英語を発話していく「すごろくゲーム」などを行います。

（※①，②の活動については，本書p.123の外国語活動の「挑む段階におけるポイント①」ご参照ください。）

③の目的を果たすことができるように，まず，資料2のような，書き方モデルを比べて，気付いたことを話し合います。

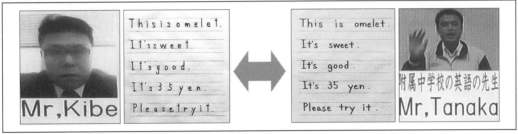

資料2　指導者（左）と中学校の英語科の先生（右）の書き方モデル

すると，子どもは「中学校の先生のモデルは，単語と単語の間が空いているけど，木部先生のモデルは，同じ間隔で書いているから，どこで区切ればよいか分かりにくい。」や「ガイ先生が見て分かりやすいのは，中学校の先生のモデルの方だと思うから，私がパンフレットに英語を書くときは，単語と単語の間を空けて書きたい。」などと発言していました。

次に，例を見ながら，必要な英語表現や語句を書き写し，資料3のようなパンフレットを作成する活動を行います。子どもが，例を見ながら書き写すことができるように，教師が必要な英語表現や語句を書いた4線短冊を黒板に掲示します。また，子どもが書いた英文をパンフレットの好きな場所に貼ることができるように，子ども一人一人に4線短冊を10枚（予備も含めて）準備しておきます。

資料3　子どもが作成したパンフレット

④の目的を果たすことができるように，③で作成したパンフレットを用いて，グループで紹介

資料4　より相手に伝わる紹介の仕方を考える活動を行う子ども

し合い，より相手に伝わる紹介の仕方を考える活動を行います。まず，資料4（左の写真）のように，パンフレットを活用して紹介し，その様子をタブレット端末で撮影します。そして，資料4（右の写真）のように，グループで紹介する様子をふり返りながら，より相手に分かる紹介の仕方を考えていきます。

　すると，子どもは「写真を指しながら，"This is Blowfish." と言わないと，どれが "Blowfish" か分からないよ。」や「"It's delicious." は，料理名を言った後に，表情よく言った方が伝わるよね。」などと，意見を出し合いながら，相手に内容がより伝わるような紹介の仕方を見つけることができました。

> **挑む段階におけるポイント**
> ○子どもが，目的をもって「書く活動」を行うことができるようにしよう。
> 　子どもが「何のために書くのか」ということを十分に理解した上で，書く活動を行うとよいです。その際，何度も聞いたり話したりして，その音声に慣れ親しんだ英語表現や語句を書くようにしましょう。また，4線の入った短冊を準備したり，書くことに戸惑っている子どもといっしょに書くなど，個別の支援を行ったりすることも大切です。

(3) 生かす・広げる段階

　子どもは，「ALT に北九州市のおすすめを紹介したい。」という思いをもち続け，それを紹介するために，必要な英語表現や語句を聞いたり話したりする活動を行ってきました。また，紹介するために，必要な英語表現や語句を書き写してパンフレットを作成してきました。そのような子どもは，「早く ALT に北九州市のおすすめを紹介したい。」という気持ちをもっていることでしょう。

　そこで，生かす・広げる段階では，ALT に北九州市のおすすめを紹介する活動を行います。子どもは，資料5のように，パンフレットを活用しながら，英語で紹介することができました。

資料5　ALT に北九州市のおすすめを紹介する子ども

> **生かす・広げる段階におけるポイント**
> ○実際に ALT とコミュニケーションを図る活動を行おう。
> （※ポイントの詳細は，本書 p.124 の外国語活動の「生かす・広げる段階におけるポイント」を参照してください。）

6 本時の展開（8時間扱いの5時間目）

(1) 主 眼
　HRTと附属中学校の英語科の先生のモデル英文を比べて気付いたことを話し合ったり，自分が決めたおすすめを伝えるために必要な英語表現や語句を書き写したり，書き写した英語表現や語句を基に，グループ内で紹介し合ったり活動を通して，書き言葉そのものの仕組みに気付くとともに，必要な英語表現や語句を使って紹介することに慣れ親しむことができるようにする。

(2) 準 備
　学びのあしあと，英語表現や語句を書いた4線の短冊，ふり返りシート

(3) 展 開

学習活動と子どもの意識	指導上の留意点（○）と評価（※）
1　本時の活動のめあてをつかむ。 ガイ先生におすすめする内容がより伝わるように，写真や紹介文を載せたオリジナルのパンフレットなどをつくって，見せながら伝えた方が伝わるんじゃないかな。そうすれば，ガイ先生の友達にも見てもらうことができると思うよ。でも，どのように紹介文を書けばよいのだろう。	○本時の活動のめあてをつかみ，解決までの見通しをもつことができるように，前時の終末で焦点化した問いが何かを確認する。そして，問いの解決に向けて，必要な活動内容と方法の見通しを話し合う活動を設定する。

　　　　おすすめを紹介する内容を英語にして，グループで紹介し合おう。

2　おすすめの内容を英語にし，グループで紹介する。 (1) HRTと附属中学校の英語科の先生のモデル英文を比べて気付いたことを話し合う。 おすすめを紹介する2つの英語を比べると，間隔の開け方が違うよ。中学校の先生が書いたおすすめを紹介する英語は，単語と単語の間が空いているけど，木部先生の英語は，全て同じ間隔で，どこで区切るとよいのかがよく分からないよ。 単語と単語の間は空けるけど，単語は一つのかたまりで書くといいのね。	○「書き言葉そのものの認識」に気付くことができるように，HRTと中学校の英語科の先生のモデル英文を提示する。 ※「単語と単語の間はスペースを空ける。」，「単語は1つのかたまりで書く。」など，「書き言葉そのものの認識」に気付いている。
(2) 気付いたことを生かしながら，必要な英語表現を書き写す。 「ロールケーキのようです。」は "Like roll cake." と書くんだ。"Like" と "roll" と "cake" の間を少し開けて書くといいんだね。	○気付いたことを生かし，必要な英語表現や語句を書き写すことができるように，英語表現や語句を書いた4線短冊の拡大版を掲示する。
(3) 書き写した英語を基にグループで紹介し合う。 This is Mt. Sarakura. Night view is beautifull. Like illumination. There is a ropeway.　Please go it.	○書き写した英語表現や語句を基に，英語で伝えることに慣れ親しむことができるように，グループで伝える場を設ける。 ※必要な英語表現や語句を使った紹介に慣れ親しんでいる。
3　本時の活動をふり返る。 木部先生と中学校の先生のモデル英文を比べると，単語と単語の間を少し開けることが分かりました。また，自分のおすすめする内容を英語で紹介し合うことができました。次は，ガイ先生により分かりやすく紹介するためには，どうすればよいかを考えたいです。	○学びの深まりを実感するとともに，次時の見通しをもつことができるように，「本時の活動でできるようになったこと」や「次時の活動でがんばりたいこと」の二つの視点から自身をふり返る場を設定する。

7　本時の展開のポイント

○言葉の仕組みへの気付きを促す学び合い

> 本単元で気付かせたい「言葉の仕組み」
> ○「書き言葉そのものの認識」→　かたまりで表記したり，単語と単語の間にスペースを置いたりすること
> ○「音声の違い」→日本語と英語のリズムに違いがあること
> ○「語順の違い」→主語，述語，修飾語・目的語などの順序が違うこと

　本時は，子どもが「書き言葉そのものの認識」に気付くことができるように，以下の活動を行います。

> (1)　書き方モデルを比べて，気付いたことを話し合う活動　　　　　（学習活動　2 (1)）
> (2)　(1) の活動で気付いたことを基に，例文を見ながら実際に書く活動　（学習活動　2 (2)）

(1)　外国語科専科教員と中学校英語科の先生の書き方モデルを比べて，気付いたことを話し合う活動について

　まず，書き方モデルを比べて気付いたことを，個々でワークシートに書く時間をとります。次に，考えたことを基に，四人グループで「出し合う→比べる→まとめる」の順序で話し合い，ホワイトボードにまとめます。そして，ホワイトボードを活用しながら，全体で話し合います。資料6は，全体で話し合って整理した板書です。子どもは，書き方モデルを比較することで，「一つの単語はかたまりで表記すること」や「単語と単語の間はスペースを空けること」に気付くことができました。

資料6　書き方モデルを比べて，子どもが気付いたことを整理した板書

(2)　(1) の活動で気付いたことを基に，例文を見ながら実際に書く活動について

　(1)で気付いた「一つの単語はかたまりで表記すること」「単語と単語の間はスペースを空けること」が書くときのポイントの一つになることをおさえて，書く活動を行います。その際，4線短冊を一人10枚配布します。また，机間指導を行いながら，書くことに戸惑っている子どもといっしょに書いたり，4線に即した書き方などの助言をしたりして，個別の支援を行います。

8 資料

①紹介する内容を考えるための「内容モデル」

2／8時間目に活用した「内容モデル」です。できるだけ簡単な言葉で，「伝えたい内容」を考えることが大切です。ここで考えた内容を基に，必要な英語表現や語句を明らかにしていきます。

②本時の学習で用いたワークシート

5／8時間目に活用した「ワークシート」です。比べて気付いたことを箇条書きでまとめます。書くことで自分の考えを整理することができ，その後の話し合い活動にも生かすことができます。

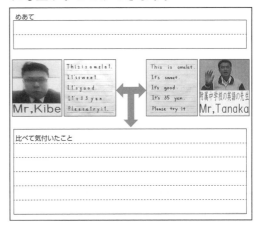

③ALTに渡したパンフレット

「生かす・広げる」段階で，ALTに「北九州市のおすすめ」を紹介した後，一人一人が作成したパンフレットを一冊のファイルにまとめます。ALTが見やすいように，「食べ物（食事）」「食べ物（スイーツ）」「自然」「建物」など，カテゴリーごとに整理したり，下の左の写真のような表紙をつくったりします。そして，ALTに渡します。下の右の資料のように，パンフレットを見てもらい，「友達におすすめをたくさん紹介できます。ありがとう。」などの感想などを伝えてもらうと，子どもが達成感や満足感を味わうことにつながります。

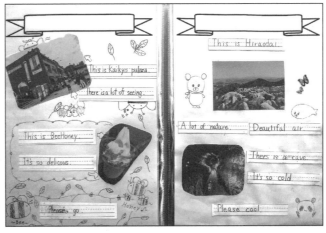

（木部健二）

| 17 | 学級活動　　第6学年「心身ともに健康で安全な生活態度の形成」 |

プラス思考を心がけよう
～ストレスと上手につきあうために～

1　学級活動における自ら問い続ける子どもの姿

○心と体の健康について正しい知識や対処法を身に付け，さらによい対処方法を考え，実践
　しようとする姿　　　　　　　　　　　　　　　　　　　　　　　　　　　　（学びの主体化）
○心と体を健康にする方法について，意見を出し合ったり，友達の意見を取り入れたりしな
　がら，新たな考え方やよりよい方法を得ようとする姿　　　　　　　　　　　（学びの協働化）
○心と体を健康にするために，友達の意見を参考にし，自分に合ったより効果的な方法を考
　えたり実践したりしながら，心と体の健康の大切さに気付き，健康な生活に向かって行動
　しようとする姿　　　　　　　　　　　　　　　　　　　　　　　　　　　　（学びの深化）

2　本主題が生まれるまで

　思春期前期である6年生は，家庭のこと，学習のこと，友達や教師との人間関係などが
原因で，多くのストレスを抱える時期だといえます。ストレスを感じたとき，不安になっ
たり，イライラしたり，物事を悪い方向に考えたり，また頭痛や腹痛といった身体的な症
状としても現れたりします。
　そこで，本単元では，ストレスを感じたときやネガティブに考える状況に直面したとき
に，自分の考え方や受け止め方を前向きに変えていくことに目を向け，自分の感情や行動
をコントロールし，ストレスと上手につきあうことができるようにします。不登校の問題
や人間関係のトラブル，学習のことなど，子どもの抱えるストレスについて，自分自身が
どのようにつきあい，対処していくのか，ストレス対処法について学ぶことは，大変意義
深いと考えます。

3　主題の目標
○ストレスを感じたとき，自分の考え方や行動を前向きに変えていくことを心がけ，実践
　していく意欲を高めるとともに，日常生活でプラス思考を心がけることができる。

136　Ⅱ　実践編

4 指導計画（総時間数　1時間＋課外）

段　階	時　間	ねらい
問いをもつ・見通す	日常・掲示	○保健室前の掲示物や事前アンケート（心とからだの健康観察）を通して，ストレスについての関心を高める。
挑む	学級活動(2)	○事前アンケート（心とからだの健康観察）の結果から，ストレス対処についての実態を知り，ストレスに対して十分に対処できていないという実態に気付く。 ○ストレスと上手につきあうためには，プラスに切りかえることが大切であることを理解する。
生かす・広げる	※チャレンジ期間 日常生活	○日常生活において，ネガティブに考えそうな状況になったとき，プラスに切りかえることを意識し，実践する。

5　本時の展開のポイント

(1) 問いをもつ・見通す段階

　最初に，「心とからだの健康観察」のアンケート結果から「ストレスを感じたとき，あなたはどうしていますか。」の質問に対して「これもいい経験だと思う。」と答えた子どもの割合を提示します。すると，この結果を見て驚き，「プラス思考の人が少ない。」とつぶやいている子どもの姿が見られました。「自分はプラス思考だと思いますか。」という教師の問いかけに対して，半数近くの子どもが「マイナス思考だと思う。」と答えました。

　また，自分事の課題として受け止めることができるようにするために，保健室で見られた友達との関係において悩み，マイナスの発言をしている子どもの事例を提示します。さらに，プラス思考につながるように，資料1のように保健室前の掲示板に掲示していた，性格について別の角度から見る「リフレーミングカード」を提示します。これは，例えば「おとなしい。」という性格が書かれたカードの裏面には，「穏やかで，控えめ。」という性格が書かれており，短所だと思っていた性格が見方を変えることで，長所になることを示したものです。

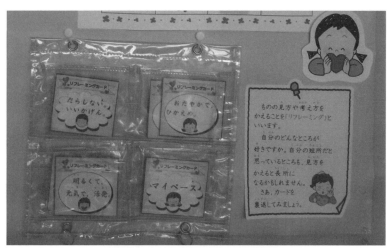

資料1　リフレーミングカードの掲示物

アンケート結果の提示により，子どもは自分たちはストレスを感じているが，ストレスに対して何も対処できていないこと，マイナス思考の人が多いという実態を知りました。リフレーミングカードの提示により，リフレーミングをすることは，プラス思考につながることに気付いていました。これらのことから，「プラス思考ができるようにするためには，どうすればよいだろう。」と問いをもつことができました。

> **問いをもつ・見通す段階におけるポイント**
> ①子どもの身近な事例を掲示しよう。
> 　保健室で見られた子どもの事例を提示することで，子どもが身近なこととして考え，自分事の課題としてとらえることにつながります。しかし，事例を提示するときに注意することは，個人が特定されないようにプライバシーの保護に努めることです。
> ②保健室前の掲示物を活用しよう。
> 　リフレーミングカードの掲示物（性格の短所と長所を両面に示したカード）を活用することで，多くの子どもが目にしていたことが考えられるため，学習への意欲を高めることにつながります。

(2) 挑む段階
　プラス思考を心がけることにつながるようにするために，自分自身を見つめ，自分の性格の中から短所だと思うことをリフレーミングし，ワークシートに記入する活動を設定します。すると子どもから，「細かい。→慎重。」「人に流されやすい。→人の意見を取り入れる。」「飽きやすい。→いろいろなことに興味がある。」などの記述が見られ，自分の短所だと思うことが別の角度から考えることで，よい点でもあることに気付くことができていました。次に，同じ状況でも自分の受け止め方をプラスに変えることによって，いやな気持ちを切りかえ，ストレスと上手につきあうことにつながることに気付くようにするために，資料２のようなワークシートを活用します。子どもが身近に感じ，ネガティブに考えてしまいそうな事例を想定し，自分の考えをプラスに変える活動を設定します。マイナスに考えたときとプラスに変えたときの気持ちの変化に気付かせるために，ペアで交流し，アドバイスをし合う活動を設定します。その後，プラスに変えると，どのような気持ちの

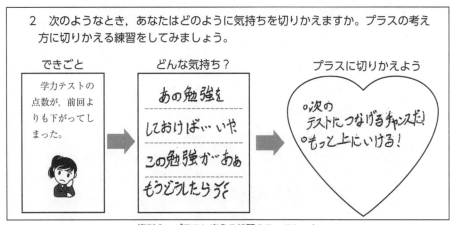

資料２　プラスに変える練習のワークシート

変化が見られるのかを共有するために，全体で交流する場を設定します。すると「プラスに変えると，心が晴れた。」や「気持ちがすっきりした。」などの発言が見られました。逆に，マイナスに考えると「ストレスがたまる。」「もやもやする。」などの発言が見られました。

　学習を通して，子どもはマイナスに考えるよりもプラスに変えていくことで，気持ちがすっきりすることや心が晴れることを実感し，プラス思考の大切さに気付くことができました。

> ### 挑む段階におけるポイント
> ①プラス思考の導入段階として，リフレーミングを取り入れよう。
> 　プラス思考で生活できるようにするために，導入段階としてリフレーミングの練習をします。その際，自分自身を見つめ，自分の短所を長所に切りかえる活動を設定します。これは，リフレーミングをすることで，物事を異なる角度から考えることで，よい面と捉えたり，プラスに考えたりすることができることを実感させるためです。
> ②子どもの身近な事例を取り上げ，リフレーミングの練習をしよう。
> 　プラス思考で生活できるようにするために，子どもが身近に直面しそうな事例を取り上げ，プラスに変える活動を設定します。このとき子どもが日常生活においてネガティブに考えてしまいそうな事例を想定することがポイントです。

(3) 生かす・広げる段階

　学習したリフレーミングを生かし，日常生活においてもプラス思考を意識することができるようにするために，学級での指導後に「チャレンジ期間」を設定します。プラス思考を実践することで，気持ちがどのように変わったのかを分かりやすくするために「チャレンジカード」にストレス度を点数で表すようにします。資料3のように，このカードにはプラス思考だけでなく，5年生のときに学習した自分に合ったストレス対処法とも関連させて，使ったストレス対処法も記入できるように，「②　どうしたか」の欄を設けていま

※　ストレス度・・・0点から100点で，点数をつけましょう。　0点 ストレスなし　50点 ストレスマックス 100点

日にち	① どんなときに	最初のストレス度	② どうしたか プラスに考えた内容 使ったストレス対処法	②の方法を使った後のストレス度	感想
〈例〉12／7（木）	○ 友達とけんかをしたとき	70点	○ 明日，あやまって仲直りしたいな。	50点	○ 少し気持ちが落ち着いた。
	○ 親から，しかられたとき	90点	○ 深呼吸をした。	40点	○ イライラが少しおさまった。
12／7（木）	兄とけんかした。	100点	音楽をきいた。	70点	ちょっとだけイライラがおさまった。
12／8（金）	塾のテストができなかった	90点	これからはもっとできるようになろうと思った	50点	少し悲しみがなくなった
12／11（月）	形成テストが悪かった	70点	沢がんばろうと思った	20点	勇気が出た
12／12（火）	友達にしかられた。イライラ～	60点	深呼吸をした	30点	おちいた。
12／13（水）	朝ねぼうした。	80点	明日ははやく起きようと思った。	10点	おちついた。

資料3　チャレンジカード

す。これは，既習の学習と本時の学習を関連させ，よりプラス思考を意識して生活することにつなげるためです。すると，資料3のように，ストレスを感じる出来事に直面したときにプラスに変えることで，最初よりもストレス度が下がっている様子が見られました。また，イライラした気持ちを紛らわす方法として音楽を聞いたり，気持ちを落ち着かせるために深呼吸をしたりする様子が見られました。

　さらに，チャレンジ期間を通して，プラス思考で生活できたかどうかをふり返るために，「チャレンジ期間・ふり返りカード」を活用します。家庭との連携を図り，子どもの実践意欲を持続するために，カードには保護者の方からのコメント欄を設け，チャレンジ期間での取組について称賛や励ましの言葉をいただくようにします。すると，保護者から「6年生になって，勉強も忙しくなって，責任感も必要な場面も多くなっていると思います。ストレスを感じることも少なくないと思うので，上手にプラス思考で解消してください。」のようなコメントが見られました。

生かす・広げる段階におけるポイント

①学習後に，「チャレンジ期間」を設定しよう。

　　リフレーミングやプラス思考が日常生活において実践できるようにするために，学習後に一週間程度「チャレンジ期間」を設定します。その際，「チャレンジカード」を活用し，実践したことで，最初のストレス度がどのくらい変化したのかが分かりやすいように，点数で表すようにします。カードの返却の際には，プラス思考を取り入れたり，自分に合ったストレス対処法を使ったりすることができていた箇所に波線を入れたり，丸をつけたりして，価値付け・称賛します。このことが，今後も意識して自分に合ったストレス対処法を日常生活に生かす意欲につながります。

②家庭と連携しよう。

　　チャレンジ期間での実践をふり返るための「チャレンジ期間・ふり返りカード」には，保護者の方からのコメント欄を設けます。チャレンジ期間での取組について，保護者の方から称賛や励ましの言葉をいただくことで，子どもの実践意欲が持続するようにします。

6　本時の展開（1時間）

(1) 主　眼

　心とからだの健康観察の結果や日常生活をふり返ることで，自分の考え方の特徴を知り，気持ちを切りかえてプラスに考えることの大切さに気付き，グループでの学び合いを通して，様々な場面において，プラス思考に気持ちを変えていこうと実践意欲を高めることができるようにする。

(2) 準　備

　心とからだの健康観察の結果，リフレーミングカード，ワークシート，チャレンジカード

140　Ⅱ　実践編

(3) 展　開　　　　　　　　　　　　　　　　　　　　　　　T₁：担任　T₂：養護教諭

学習活動と子どもの意識	指導上の留意点（○）と評価（※）
1　前時の「相手も自分も大切にした断り方」の学習やチャレンジ期間についての内容を想起し，本時の学習のめあてを確かめる。 〈リフレーミングカード〉 ○厳しい。　　　→責任感がある。 ○おとなしい。　→おだやかで，ひかえめ。 ○マイペース。　→自分らしさをもっている。 ○すぐに怒る。　→情熱的。	○相手も自分も大切にした言葉かけができているか，前時の学習をふり返り，ストレスを対処できていないという課題に気付くことができるようにするために，心とからだの健康観察の結果を提示する。　　　　　　　　　　　　　（T₂） ○自分事としてとらえることができるようにするために，保健室で見られたマイナスの発言やプラスの発言をしている様子を紹介する。　（T₂） ○リフレーミングについて考えることができるように，保健室前に掲示していたリフレーミングカードを提示する。　　　　　　　　　　（T₂）
プラスに変えていくためには，どうしたらよいのか考えよう。	
2　別の角度から自分の性格を考えるリフレーミングの練習をする。 (1) ワークシートに，自分の性格の中から短所だと思うことをリフレーミングして記入する。 　周りのことを気にし過ぎてしまう性格をどんなふうに考えたらいいかな。	○自分の短所だと思うことが別の角度から考えることでよい点でもあることに気付くことができるように，リフレーミングする場を設定する。　　　　　　　　　　　　　　　　　　　（T₂）
(2) ペアで交流する。 　短所だと思っていたところも，見方が変わると長所になるね。	○他の考え方に気付くことができるように，ペアで考えを交流する場を設定する。　　　　　　　　　　　　　　　　　　　　　（T₂）
(3) 全体で交流する。	○別の角度から考えることで，どんな気持ちになったか全体で交流しリフレーミングをすることは物事をプラスに考えることにつながることをおさえる。　　　　　　　　　　　　（T₂）
3　ワークシートを使って，いろいろな場面で，自分の気持ちや行動をプラスに切りかえる練習をする。 (1) ペアで，プラスに考えたときとマイナスに考えたときの気持ちの変化について伝え合う。 　嫌な気持ちになったときには，プラスに考えた方が，気持ちが楽になるような気がするな。	○同じ状況でも，自分の考え方や受け止め方をプラスに変えることによって，いやな気持ちを切りかえ，ストレスと上手につきあうことにつながることに気付かせるために，プラスに考える方法に焦点を当てる。　　　　　　（T₁T₂） ○プラスに考えたときとマイナスに考えたときの気持ちの変化に気付かせるために，ペアで交流し，アドバイスをし合う。　　　（T₁T₂）
(2) プラスに考えることの効果について，全体で交流する。	○プラスに考えると，どんな効果があるのか気付かせるために，全体で交流する場を設定する。（T₁T₂）
4　チャレンジ期間に向けて，自分のめあてを決定し，本時の学習をふり返る。	○チャレンジカードにめあてを書く活動を設定する。　　　　　　　　　　　　　　　　　　　　　　　（T₁T₂） ※具体的な取組について考えたり，それを実践しようという思いをもったりしている。

7　本時の展開のポイント

(1) リフレーミングカードの提示

　本時の前に，学習の種まきとして保健室前に掲示していたリフレーミングカードの実際の大きさは縦9cm，横10cmです。本時の学習では資料4のように，実際のカードをB4サイズに拡大したカードを提示しました。子どもが自分の性格の短所としてあげやすいものを三枚選んで掲示し，一枚ずつリフレーミングの説明をします。すると，子どもは，「見方を変えていけばよいのか。」と納得していました。カードを例示するときは，子どもの実態に合わせて，リフレーミングしやすいカードを選ぶことがポイントです。

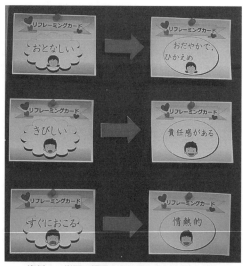

資料4　学習で提示したリフレーミングカード

(2) 子どもが身近に感じ，ネガティブに考えそうな事例の提示

　子どもが，同じ状況でも自分の考え方や受け止め方をプラスに変えることによって，嫌な気持ちを変えることができるように資料5のようなプラスに変える方法に焦点を当てたワークシートを活用します。このとき，子どもが身近に感じ，ネガティブに考えそうな事例を想定することがポイントです。まず，ネガティブに考えそうな出来事が起こったときに，どんな気持ちになるかを考えるようにします。次に，その気持ちをプラスに切りかえるようにします。そして，プラスに考えたときとマイナスに考えたときの気持ちの変化に気付くことができるようにペアで交流し，アドバイスをし合う活動を設定します。すると，「もう少し，気持ちがすっきりするように考え方を変えるといいよ。」などと友達にアドバイスをする姿が見られました。

　さらに，プラスに変えることで，どんな気持ちの変化があるのかを気付くことができるようにするために，全体で交流する場を設定します。プラスに変えることで，「心が晴れた。」「気持ちがすっきりした。」などと子どもの発言が見られ，プラスに変えることの効果を実感することが期待できます。

　このように，物事をプラスに変えて考えることを練習し，日常生活において意識することで，プラス思考はストレスと上手につきあう方法の一つであることを気付かせるようにします。

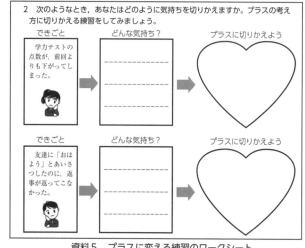

資料5　プラスに変える練習のワークシート

142　Ⅱ　実践編

8 資料

【リフレーミングカード】

　学習前に，性格の短所と長所を両面に示したカードを保健室前の掲示板に掲示しておきます。本時の学習の中で，実際のカードを子どもの実態に合わせて三枚程提示することで，学習への意欲を高めることにつながります。

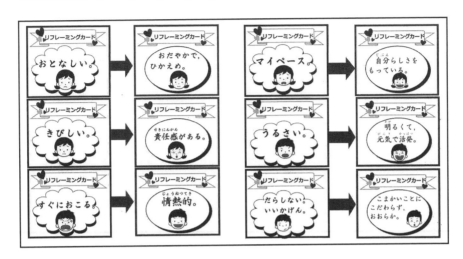

【チャレンジ期間・ふり返りカード】

　チャレンジ期間が終了した後に，チャレンジ期間中，日常生活においてプラス思考が意識できたかどうかをふり返るために，ふり返りカードを活用します。本時の学習やチャレンジ期間を通して学んだことを基に，これからの生活の中でも実践できるように意欲を高めるようにします。

（田仲由香）

Ⅲ

運営編

1 研究発表会に向けた取組

1 研究発表会における事務分掌について

(1) 研究発表会における担当について

　本校では，研究発表会を開催するにあたり，以下のような担当をつくっています。そして，計画・準備から次年度の計画までの仕事を担います。

○統括	○庶務	○発送	○企画	○研究	○会場
○環境	○視聴覚	○接待	○懇親	○駐車場	○記録・受付

(2) 主となる仕事内容及び研究行事と実施について

　(1) に示している担当が中心となって取り組んでいきます。効率よく仕事を行うことができるように，主となる仕事内容とそれをいつ実施するのか明らかにしています。

	主となる仕事内容【（ ）は担当】	研究行事
7月	・事務分掌の提案(庶務) ・指導案の作成の提案(研究)	・単元検討会
8月	・研究テーマ, プレゼン等の作成開始(研究) ・ポスター作成(企画) ・ホームページの更新(視聴覚)	・個人テーマ検討会 ・場面検討会 ・指導案の作成開始
9月	・各係の指示及び連絡調整(庶務)	・授業研究会及び協議会
10月	・案内状発送(発送)	・授業研究会及び協議会
11月		・秋季授業研究会
12月	・各係の指示及び連絡調整(庶務) ・会場設営計画(会場) ・環境計画作成(環境)	・指導案検討会① ・板書検討会①
1月	・PTAへの協力依頼(庶務) ・各係の指示及び連絡調整(庶務) ・研究紀要作成(研究) ・視聴覚機器の点検, 準備(視聴覚) ・受付名簿作成(記録・受付) ・駐車場の企画, 準備(駐車場) ・懇親会の企画, 運営(懇親)	・指導案検討会② ・指導案の最終確認 ・板書検討会②
2月	・研究テーマ, プレゼン等の完成(研究) ・各係の指示及び連絡調整(庶務) ・来賓の接待に関する一切(接待) ・発表会の記録に関する一切(記録・受付) ・礼状作成と発送(発送)	・板書, 指導案最終確認

146 Ⅲ　運営編

2 研究行事について

(1) 単元検討会について

　単元検討会では，単元について検討します。「単元が子どもの実態に合っているか」「内容が適切であるか」などを視点として検討会を行います。単元検討会では，以下の物を準備します。

> Ａ４一枚に，「学年」「単元名」「単元の目標」「単元計画」をまとめたもの

　上記の物を準備したら，単元検討会を行います。行い方は，以下のとおりです。

> 〈検討会を受ける側〉
> Ａ４サイズ一枚にまとめたものを基に，以下の内容について説明します。
> 　○単元を取り上げた意図について
> 　○単元を通して目指す子どもの姿について
> 　○単元の構成について　　　　　　　　　　　　　　　　　　など
> 〈検討会をする側〉
> 上記の説明を聞き，以下の視点を基に質問します。
> 　○学習指導要領との整合性について
> 　○子どもの実態と単元の構成との関係について　　　　　など

　このような単元検討会を行うことで，一単位時間の授業だけでなく，単元全体を見通して計画を立てることができます。

(2) 場面検討会について

　場面検討会では，単元検討会を受けて，一単位時間の授業場面について検討します。「本時場面の内容が適切であるか」や「授業の主張点は何か」などを視点として検討会を行います。場面検討会では，以下の物を準備します。

> Ａ４二枚に，「学年」「単元名」「単元の目標」「単元計画」「主眼」「授業で使う物」「一単位時間の展開」をまとめたもの

　上記の物を準備したら，場面検討会を行います。行い方は，以下のとおりです。

> 〈検討会を受ける側〉
> Ａ４二枚にまとめたものを基に，以下の内容について説明します。
> 　○一単位時間の授業場面における主張点について
> 　○一単位時間の授業で目指す子どもの姿と手だてについて　　　など
> 〈検討会をする側〉
> 上記の説明を聞き，以下の視点を基に質問します。
> 　○一単位時間の授業場面と学習指導要領の内容との整合性について
> 　○子どもの実態と一単位時間の展開の関係について　　　　　など

1 研究発表会に向けた取組　147

このような場面検討会を行うことで，授業場面の主張点が明確になり，一単位時間の授業のイメージを明らかにすることができます。

(3) 指導案検討会について

　指導案検討会では，場面検討会を受けて，指導案の内容について検討します。「手だては有効か」などを視点に検討会を行います。指導案検討会では，以下のものを準備します。

指導案（密案）

　上記のものを準備したら，指導案検討会を行います。行い方は，以下のとおりです。

〈検討会を受ける側〉
指導案を基に，以下の内容について説明します。
　　○目指す子どもの姿を生みだすための手だてについて　　　など
〈検討会をする側〉
上記の説明を聞き，以下の視点を基に質問します。
　　○主眼と目指す子どもの姿の整合性について
　　○手だての有効性について　　　　　　　　　　　　　　など

　このような指導案検討会を行うことで，目指す子どもの姿と手だてが明確になり，具体的に授業づくりを行うことができます。

(4) 板書検討会について

　板書検討会では，指導案検討会を受けて，「主眼と板書の整合性があるか」や「子どもの思考の流れに沿った板書になっているか」などを視点に検討会を行います。板書検討会では，以下のものを準備します。

「指導案検討会を受けて修正した指導案（密案）」「発問計画」「実際の板書」　など

　「実際の板書」は，以下のように，授業を行う教室の黒板に，実際に板書をしたものを表します。

準備するものができたら，板書検討会を行います。行い方は，以下のとおりです。

〈検討会を受ける側〉
「実際の板書」を基に，以下の内容について説明します。
　○主眼と板書の関係について　　　　　　　　　　　　　　　　　など
　　※板書を指図しながら，主眼を説明します。
〈検討会をする側〉
上記の説明を聞き，以下の視点を基に質問します。
　○子どもの思考の深まりが表れている板書について
　　例：「〜という発問に対する子どもの考えは板書のどこに表れていますか。」
　○子どもの思考の流れが表れている板書について
　　例：「この板書はどのような順番で完成していきますか。」
　　例：「この矢印の意味は何ですか。」
　　例：「チョークの色の意図は何ですか。」
　○教具について
　　例：「〜のような資料があるとさらによいと思います。」　　　　　など

　このような板書検討会を行うことで，子どもの具体的な姿をイメージすることができるとともに，授業を見るポイントを明確にすることができます。

3　授業協議会の在り方について

　本校では，「授業反省会」や「授業リフレクション」という二つの行い方で授業協議会を位置付けています。よりよい授業の在り方を考え，授業実践に生かすことができるように，「教科等の本質とは何か」や「子どもの姿から手だての有効性がどうであったか」などといった，「教科観，授業観，子ども観」の見直しを図っていきます。

(1) 授業反省会について

　授業反省会は，主に「教科等の本質に迫っていたか」を視点に協議を行います。

　授業反省会では，指導案に書いてある「単元」「単元のねらい」「本時の主眼」などを基に，鋭く切り込み，「教科観についてのとらえ」を明らかにしていきます。

　授業反省会は，以下のように行います。

〈授業者〉
本時の授業を基に，以下の内容について自評を述べます。
　○本時の主眼について
　○本時の目指した子どもの姿について
　○本時の主眼を達成した子どもの姿と手だての有効性について
　○本時の主眼を達成できなかった子どもの姿と手だての改善点について
〈参観者〉
自評を聞き，以下の視点を基に質問します。

○単元について
　　例：「体育科におけるゲームとは何ですか。」
　　例：「国語科における『話合い』と『対話』の違いは何ですか。」
○単元のねらいについて
　　例：「○○科における『関心・意欲・態度』の目標のうち，本単元の主となる目標はど
　　　　れですか。」

(2) 授業リフレクションについて

「授業リフレクション」について，鹿毛雅治氏は以下のように述べています。

「授業リフレクション」とは，「教師が授業中の出来事を具体的に振り返ることを通して，
何らかの「気づき」を得て，自らの授業を捉え直すことを目的とした実践研究である。」

そのための留意点について，以下の四点をあげています。

○子どもの事実に焦点化する（何を体験しているかをとらえようとする）
○授業者の願いや意図を中心にとらえる（教師の考え方を大切にする）
○コミュニケーションを促進する（互いの考えを交流する）
○アクションリサーチ（実践的な問題意識を出発点として行動を通して改善していく）

　つまり，授業リフレクションは，主に「子どもの姿がどうであったか」を視点に協議を
行います。子どもの姿を基に，「教師がいつ，どのように子どもとかかわるべきだったの
か」など，教師の役割を明らかにしていきます。そのために，授業を参観する際には，
「発問と子どもの発言や反応」，「教師のかかわり方」を中心に授業記録をとっておきます。
　これらのことを踏まえて，以下のように，授業リフレクションを行います。

〈授業者〉
　○単元設定についての意図や思いについて
　○子どもの姿とその背景について
　○本時の主眼を達成した子どもの姿と手だての有効性について
　○本時の主眼を達成できなかった子どもの姿と手だての改善点について　　　など
〈参観者〉
　○見取った子どもの姿と授業者のかかわり方について
　　例①：「先生が～と言ったときに，○○さんは～していました。先生が～と言った意図
　　　　　は何ですか。」
　　例②：「○○さんと○○くんが～のようなやり取りをしていたうらには，～という思い
　　　　　があったのだと考えます。先生は，二人のやり取りに気付いていましたか。」
　　例③：「○○さんの～という発言を取り上げなかったのはなぜですか。」
　　例④：「今日の○○さんの様子から，わたしだったら，～します。」　　　　　など

2 日常的な取組

1 研究の基本方針について共通理解を図る場の設定

　一人一人の専門性の向上や理論強化などを図ることができるように，以下のような「研究の基本方針」を４月に研究主任が提案します。それを共通理解した上で，研究を推進していきます。

平成30年度　研究推進基本方針

●平成30年度研究活動基本方針

平成30年度スローガン

教科等の本質を踏まえた確かな指導力をつける「誘導」の教育実践
～新学習指導要領実施に伴う「学びの深化」を実感できる授業づくりと専門的指導力の向上～

1　スローガン設定の背景
　(1) 昨年度の研究の課題から
　(2) 大学，誘導の会，附属中学校との連携の必要性から
　(3) 北九州市や近隣市町村教育委員会との連携の必要性から
2　一人一人の専門的指導力向上のために
　　(1) 指導力向上研究会の実施
　　(2) 理論強化を図る読書コーナーの設置
3　その他

---

2 共通指導事項の設定

　基本的な学び方を身に付けることができるように，以下のような「共通指導事項」を設定し，全教員で取り組んでいきます。「学習前」「学習の始まりのあいさつ」「学習中」「学習の終わりのあいさつ」「学習後」「その他」で分けて整理しています。

1　学習前
(1) 授業開始５分前には教室に入っておく（特に特別教室への移動の際は注意する）。
(2) ３分前に着席し，ノートを開き，日付を書く。教師も黒板に日付を書く。学習リーダーを中心に，授業開始まで心構えをつくる。
　※学習リーダーは前に立つ（二人）。
　※発達の段階に応じて，構えづくりの方法についても指導する。あわせて，学習リーダーをつくっている意味についても説明すること。
2　学習の始まりのあいさつ
　○リーダーが「今から，～の学習を始めます。」（はい。）

「姿勢。」「礼。」（よろしくお願いします。〈5秒礼〉）と言う。
　※学習することに，先生に，友達に対する礼であることを，年度当初に確認する。
3　学習中
(1)　教師の発問は，できるだけ少なくする（1単位時間に7～15回，上学年ほど少なくする）。
(2)　学び合いの場を位置付ける。
　〈学び合いの際の留意点〉
　○聞き手は，発表や発言をする子どもに体（目，耳，心）を向ける。最後まで聞くことを価値付ける。
　○教師や友達の話を聞く際は，うなずいたり，「ふうん。なるほど。」など声に出したりして，具体的な行動で「聞いているよ」という態度を示すように，学年や学級の実態に応じて指導する。
　○挙手は，静かに指先までまっすぐに伸ばす。「つまり。」「でも。」「付け加えると。」「まとめると。」「～さんの言いたいことは。」「わかりやすく言うと。」など，友達の考えを受けた言葉（つなぎ言葉）を言いながら挙手する。挙手の際に「はい。」は言わない。ただし，つなぎ言葉が「はい。」の置き換えにならないように留意する。
　○意図がある場合は教師が指名し，それ以外の子どもは相互に指名する。
　○発表する子どもは，場の中心を向いて話す。大きな声ではっきりと話す子を価値付ける。
(3)　ノートの整理について，以下の点に留意する。
　○直線は，必ず定規を使う（2年生から）。
　○大切な言葉には色鉛筆を使う。ただし，基本的に赤や青とし，必要以上にカラフルにならないように指導する。
　○板書していないことでも，大切だと思ったことや頭に浮かんだ考えを書くことを奨励する。
4　学習の終わりのあいさつ
　○リーダーが前に立ち，「これで～の学習を終わります。」（はい。）
　「姿勢。」「礼。」（ありがとうございました。〈5秒礼〉）と言う。
5　学習後
　○使った学習用具を片付け，次の学習用具の準備をする。

3　子ども同士の学ぶ場の設定

　「どのような発言の仕方をすればよいか」「どのような学び合いがよいか」など，子どもが具体的にイメージすることができるように，下の写真のように，子どもどうしが他学年の授業の様子を見て学ぶ場を設定します。

[引用・参考文献]

1) 鹿毛雅治『子どもの姿に学ぶ教師』教育出版，2007年
2) 鹿毛雅治・藤本和久『「授業研究」を創る』教育出版，2017年
3) 国立教育政策研究所『社会の変化に対応する資質や能力を育成する教育課程編成の基本原理』2013年
4) 澤井陽介『授業の見方「主体的・対話的で深い学び」の授業改善』東洋館出版社，2017年
5) 奈須正裕・諸富祥彦『答えなき時代を生き抜く子どもの育成』図書文化社，2011年
6) 奈須正裕『「資質・能力」と学びのメカニズム』東洋館出版社，2017年
7) 福岡教育大学附属小倉小学校『創造的に思考する子どもを育てる授業』同校実践教育研究会，2011年～2013 年
8) 福岡教育大学附属小倉小学校『自ら問い続ける子どもを育てる授業』同校実践教育研究会，2014年～2017年
9) 福岡第二師範附属校『新教育誘導論』1947年，36頁
10) 藤井千春『子どもが蘇る問題解決学習の授業原理』明治図書，2010年
11) 文部科学省中央教育審議会教育課程企画特別部会『次期学習指導要領等に向けたこれまでの審議のまとめ（案)』2016年
12) 文部科学省『小学校学習指導要領解説』（各教科等）2017年
13) 文部科学省『小学校学習指導要領解説　総則編』2017年

おわりに

　平成25年度，研究主題「自ら問い続ける子どもを育てる授業」を掲げました。当時の藏内保明副校長は，目の前の子どもたちの状況と今日的な教育課題の両面から本研究主題を設定したと研究紀要で述べています。続けて，「もう一段階深いレベルでの『わかりなおし』を求めるような授業」「子ども同士の学び合いから新たな問いが生まれる授業」とその授業像についてふれ，目新しい主張ではないが「不易の教育課題」と，その意義について示しています。この研究主題に６年間取り組み，研究の成果を問う最終年を迎えました。

　本校の教育は，「誘導論」に基づいています。「誘導論」は，福岡第二師範学校男子部長藤吉利男教授（昭和26年より附属小倉小学校初代校長）が，昭和21年に提唱した教授学習理論です。藤吉教授は著書『新教育誘導論』において，「誘導が指導と語感を異にさせたいのは，指導は児童に直接するが誘導は間接的な而も綿密な適応刺激であることである」と述べています。「誘導」について，鹿毛雅治先生は「誘い導く（いざない，みちびく）」ととらえることが，その本質を表していると語られたことがありました。子どもが問いをもつように誘いの場をつくり，その問いをもとに学習を展開させ，価値ある学びへと導いていく授業。子どもの問いから生まれる追究意欲を，授業の推進力とする本校の授業の在り方です。この「誘導論」に基づき，子ども主体の問題解決による授業づくりに取り組んできました。

　平成29年３月に学習指導要領が公示され，教育界は大きな変革期を迎えています。コンテンツベースから，コンピテンシーベースへの転換が図られていることは言うまでもありません。改訂のキーワードの一つである「主体的・対話的で深い学び」は，その資質・能力を育むために必要な学びの在り方として示されています。本校が提案する「自ら問い続ける子どもを育てる授業」は，子どもの問いを基に，意欲的に対象に働きかけたくなる状況をつくり，他者と相互にかかわりながら学びを発展させる授業です。問いを追究していく過程において，教科等の見方・考え方を働かせ，身に付けるべき資質・能力の育成を図っています。私たちは，「自ら問い続ける」ことは，「主体的・対話的で深い学び」を実現することにつながると考えています。本書は，「自ら問い続ける子ども」の育成に向けて，取り組んできた研究内容を理論編，実践編，運営編の三部構成でまとめたものです。本書を出版することにより，多くの皆様からのご批正とご指導をいただける機会を得て，大変うれしく思っています。今後，さらに研究を深めて参りたいと考えています。

　最後になりましたが，初年度よりスーパーバイザーとして研究の方向性をご示唆いただきました慶應義塾大学の鹿毛雅治先生をはじめ，ご指導いただきました福岡教育大学の先生方，本校の先輩の先生方，その他指導助言をいただきました先生方，本書の出版を快くお引き受けいただいた教育出版株式会社様に心から感謝し，御礼申し上げます。

平成31年２月

福岡教育大学附属小倉小学校

副校長　船瀬　安仁

［研究同人］

○本校研究スーパーバイザー　　　慶応義塾大学　　教授　　　鹿毛　雅治
○ご指導いただいた先生　　　　　上智大学　　　　教授　　　奈須　正裕
　　　　　　　　　　　　　　　　早稲田大学　　　教授　　　藤井　千春

校　長	服部　一啓			
副校長	船瀬　安仁			
教　頭	藤瀬　正朋			
教務主任	川原　雅彦			
研究主任	浦橋　一将			
教　諭	木部　健二	廣口　知世	藤野　剛	島田　猛
	田仲　由香	藤田　恭孝	松尾　暁子	満倉　圭
	日永田　政士	小川　毅彦	坪根　慎治	有竹　真吾
	大久保香世子			
ALT	ガイ・マイケル・オーミストン			

《平成29年度》

副校長	成重　純一		
教　頭	内本　郁美		
教　諭	松本　稔	稲冨　哲市	安永　真寿美

《平成28年度》

校　長	津川　裕		
教　諭	竹本　正浩	中原　孝行	手嶋　圭吾

《平成27年度》

副校長	藏内　保明			
教　諭	伊東　保智	小根森　実	門司　恒之	肘井　由美

《平成26年度》

校　長	木内　隆生	
教　諭	宮﨑　貴寛	川波　麻理

《平成25年度》

教　諭	田中　誠一郎	高瀬　哲義	松中　保明	中山　博紀
	栁　智子			

［監修者紹介］

鹿毛雅治（かげまさはる）
慶應義塾大学教職課程センター教授・博士（教育学）

〈略歴〉
1964年，横浜市生まれ。横浜国立大学教育学部卒業。
慶應義塾大学社会学研究科教育学専攻修士課程修了，同博士課程単位取得退学。日本学術振興会
特別研究員，慶應義塾大学教職課程センター助手，同専任講師，同助教授を経て現職。
〈専門分野〉
教育心理学（特に，学習意欲論，教育評価論，授業論）
〈主な著書〉
『動機づけ研究の最前線』（分担執筆，北大路書房，2004）
『教育心理学の新しいかたち』（編著，誠信書房，2005）
『教育心理学（朝倉心理学講座8）』（編著，朝倉書店，2006）
『子どもの姿に学ぶ教師―「学ぶ意欲」と「教育的瞬間」』（教育出版，2007）
『授業デザインの最前線Ⅱ―理論と実践を創造する知のプロセス』（分担執筆，北大路書房，2010）
『モティベーションをまなぶ12の理論』（編著，金剛出版，2012）
『学習意欲の理論～動機付けの教育心理学』（著，金子書房　2013）
『パフォーマンスがわかる12の理論』（著，金剛出版，2017）
『「授業研究」を創る　教師が学びあう学校を実現するために』（編著，教育出版，2017）
『発達と学習（未来の教育を創る教職教養指針）』（編著，学文社，2018）
その他，多数。

［著者紹介］

福岡教育大学附属小倉小学校
　〒802-0023 福岡県北九州市小倉北区下富野3丁目13-1
　TEL（093）531-1434　　FAX（093）531-6694

〈本校著書一覧〉
『新教育誘導論』（1947）
『ひとりひとりが生きる特別活動の展開』（1973）
『「子どもの事実」に学ぶ授業』（1985）
『子どもが成就感を味わう授業』（1986）
『子ども自らが動き出す　生活科単元づくりと評価』（1989）
『子どもの感性が生きる授業づくり』（1994）
『今，学校が変わる「生きる力」を育てる本』（1998）
『豊かな学びをひらく―「自ら学ぶ力」を育てる教育課程の実践』（2004）
『自己を磨く子どもを育てる―探究型学習のススメ』（2010）
『創造的に思考する子どもを育てる―学習材・単元展開・言語活動の仕組み方』（2013）

自ら問い続ける子どもを育てる授業
── 「問いたくなる」状況づくりと学び合い ──

2019年2月15日　第1刷発行

監修者　鹿毛雅治

著　者　福岡教育大学附属小倉小学校©

発行者　伊東千尋

発行所　教育出版株式会社
101-0051　東京都千代田区神田神保町2-10
電話 03-3238-6965　振替 00190-1-107340

Printed in Japan
乱丁・落丁本はお取替いたします。

組版　ピーアンドエー
印刷　モリモト印刷
製本　上島製本

ISBN978-4-316-80475-0　C3037